BIBLIOTECA INDIANA
Publicaciones del Centro de Estudios Indianos

Universidad de Navarra
Editorial Iberoamericana

Dirección: Ignacio Arellano y Celsa Carmen García Valdés.
Secretario ejecutivo: Juan Manuel Escudero.
Coordinadora: Pilar Latasa.

Volumen en coedición con:

Biblioteca Indiana, 16

CRISTÓBAL DE ACUÑA: NUEVO DESCUBRIMIENTO DEL GRAN RÍO DE LAS AMAZONAS

IGNACIO ARELLANO, JOSÉ MARÍA DÍEZ BORQUE
Y GONZALO SANTONJA (EDS.)

Universidad de Navarra • Iberoamericana • Vervuert • 2009

Bibliographic information published by Die Deutsche Nationalbibliothek.
Die Deutsche Nationalbibliothek lists this publication in the Deutsche
Nationalbibliografie; detailed bibliographic data are available on the Internet at
http://dnb.ddb.de

Agradecemos a la Fundación Universitaria de Navarra su ayuda en los proyectos
de investigación del GRISO a los cuales pertenece esta publicación.

Derechos reservados

© Iberoamericana, 2009
Amor de Dios, 1 – E-28014 Madrid
Tel.: +34 91 429 35 22 - Fax: +34 91 429 53 97
info@iberoamericanalibros.com
www.ibero-americana.net

© Vervuert, 2009
Elisabethenstr. 3-9 – D-60594 Frankfurt am Main
Tel.: +49 69 597 46 17 - Fax: +49 69 597 87 43
info@iberoamericanalibros.com
www.ibero-americana.net

ISBN 978-84-8489-445-2 (Iberoamericana)
ISBN 978-3-86527-460-1 (Vervuert)

Depósito Legal:

Diseño de la serie: Juan Manuel Escudero

Impreso en España

Este libro está impreso íntegramente en papel ecológico sin cloro.

ÍNDICE

Prefacio 7

Estudio preliminar 15
    I.   Las Indias Occidentales: lo nuevo, lo maravilloso 15
    II. Cristóbal de Acuña. Vida y obra 17
    III. *El Nuevo descubrimiento del gran río de las Amazonas* 20
    IV. Temas y contenidos 29
           Riquezas y maravillas 29
           Las tierras: geografía del Amazonas 31
           Las gentes: los indios, las amazonas 33
           Vida y costumbres 35

Nota textual a esta edición 43

Bibliografía 47

Nuevo descubrimiento del gran río de las Amazonas 51

Índice de notas 171

Tribus o parcialidades indígenas anotadas 177

Apéndice. Tribus amazónicas o del Marañón. Addenda a Markham, 1910 ... 179

PREFACIO

DE MATERIA CONFUSA A PALABRAS DE LUZ

> ¡Dejadme pintar de azul
> el mar de todos los atlas!
>
> Rafael Alberti, *Marinero en tierra*

Ninguna literatura existe en el mundo, ninguna, con un acervo tan singular, rico y cuajado similar al de la española (sin adjetivos ni particularismos) por el filón, en buena medida (o sea, en mala medida) desatendido y en cualquier caso insuficientemente considerado, de las crónicas de Indias, ese espacio insólitamente natural de la verdad y las leyendas, cargado de historia y pleno de exotismo, testimonio de maravillas y suma de portentos en cuyo espejo palidecen las mejores fantasías. Millares de legajos, muchos todavía inéditos, e infinidad de nombres, de los que solo una menguada gavilla ha traspasado los límites angostos del conocimiento erudito. Universo medio secreto de palabras con vértigo de olas.

Lo empezó el propio Cristóbal Colón con sus estupendas *Cartas* más el regalo de su *Diario* y, con el intercalado ilustre del humanista milanés Pedro Mártir de Anglería, residente en España, siguió adelante, alcanzando enseguida edad cuajada de la mano de Hernán Cortés, protagonista e historiador de hazañas increíbles; Gonzalo Fernández de Oviedo, soldado en las guerras de Italia que pasó por vez primera al Nuevo Mundo en 1513 (en total cruzó el Atlántico, ese océano inmenso que une las dos orillas de nuestra lengua, en nada menos que doce ocasiones), veedor allí de las fundiciones de oro, gobernador de Cartagena y alcaide de la fortaleza de Santo Domingo, autor de una memorable y enciclopédica *Historia general y natural de las Indias*; Bartolomé de las Casas, padre de los indios; López de Gómara, hagiógrafo de Cortés, o Bernal Díaz del Castillo, aquel soldado de Medina del Campo (1492-1581) que desde la humildad y forjado en el crisol trágico de ciento diecinueve combates levantó uno de los mejores monumentos al castellano de la expresividad en su portentosa *Historia verdadera de la conquista de Nueva España*, y etcétera, etcétera, porque no cabe resumir tamaño acervo de maravillas en un puñado de referencias, por más brillantes que sean.

Baste con añadir que en esa historia de los escritores de Indias, punto de partida y piedra de toque de la literatura hispanoamericana, ocupa un lugar ciertamente destacado el jesuita burgalés Cristóbal de Acuña (1597- Lima, 1675), misionero en Perú, cofundador con Francisco de Figueroa y Bartolomé Pérez del colegio ecuatoriano de Cuenca, y luego rector del mismo, quien se forjó un sitio de privilegio como cronista minucioso —minucioso y exacto— de la exuberancia del Amazonas, el reino de lo infinito, empresa mucho más que excesiva y en los límites del imposible.

Y es que, sobre la precisión de las descripciones y la sutileza de los comentarios, su *Nuevo descubrimiento del gran río de las Amazonas* atesora un caudal de sugerencias e incitaciones que fluye con elegancia merced a la plasticidad de una prosa que siempre se desenvuelve, en todos y cada uno de sus párrafos, con puntualidad admirable, esto es, atinando con la palabra exacta en el lugar oportuno, incitante para la imaginación y milimétrico en los detalles, sin abdicar nunca del servicio a la exactitud, extremo este en 2006 corroborado por una expedición a las Fuentes del Amazonas en pos de sus pasos y sobre su huella, dirigida por José Ricardo Fernández y patrocinada por Caja Círculo (Burgos).

Acuña, dotado de un poder de observación privilegiado, escribe con sentido del rigor y capacidad de síntesis, hondamente persuadido de la importancia de su testimonio, sin gangas retóricas ni envaramientos, anotando con claridad cuanto veía, a veces se diría que extraña y muy precozmente imbuido de una visión antropológica moderna, abierto al universo de lo diferente y con rapidez penetrante en aquella selva de imágenes absolutamente nuevas, con señorío, facultad y arbitrio para registrarlas y comprenderlas. Posiblemente no haya contado con demasiados lectores, achaque entre nosotros y con los clásicos nada infrecuente, pero estoy seguro de que ninguno de ellos habrá salido decepcionado de su libro.

El viaje se organizó y alcanzó realidad siendo su hermano, Juan Vázquez de Acuña, corregidor de Quito, bajo el mandato de Pedro Tejeira, capitán mayor del Gran Pará, «por orden de su Majestad, el año 1639». En la fraterna compañía de Andrés de Artieda, los dos misioneros emprendieron viaje el 16 de febrero del citado año, dándole cima el 12 de diciembre, al cabo de diez meses de difícil travesía. Acuña sistematizó sus notas y puso fin a la obra en Pará, a la espera de embarcarse para España, lo que no sucedió hasta marzo de 1640, dando cuenta en persona al rey del viaje y presentando después su memorial al Consejo de Indias, entidad que dispuso su publicación inmediata, llevada a término en Madrid y 1641, después de lo cual nuestro fraile se desempeñó como Procurador de su provincia jesuita en Roma y calificador en España de la Inquisición, regresando a la postre al Nuevo Mundo por Panamá para fallecer en Lima en 1676, ya casi octogenario.

Relación acabada de la geografía e inventario pormenorizado de las poblaciones del medio, y no mero cronicón noticioso ni escueta carta de conquista, el memorial de Acuña configuraba uno de los objetivos fundamentales de la expedición, puesto que se trató de una empresa de descubrimiento destinada a romper el aislamiento de Quito (la ruta, abierta por Francisco de Orellana, capitán a las órdenes de Gonzalo Pizarro, llevaba cerrada cerca de un siglo) y la Corona entendía, sin duda con buen criterio, que cualquier iniciativa de descubrimiento quedaba en ciernes y se sostenía en vilo hasta que la existencia de una relación completa, sometida al dictamen y la aprobación del Consejo, hiciera posible una planificación ordenada, aspiración en este caso frustrada por la sublevación portuguesa, encrucijada histórica donde tantas expectativas se vieron frustradas.

Obligado, pues, a trazar una visión a la vez a la vez panorámica y de detalle, en difícil equilibrio de contrastes, el propio Tejeira extendió una certificación, reproducida en los preliminares del volumen, acreditativa de que «vino en mi compañía desde la dicha ciudad [San Francisco del Quito] hasta la del Pará, el reverendo padre Cristóbal de Acuña [...] con su compañero el reverendo padre Andrés de Artieda», embarcados los dos «a su costa», desprendidos con sus compañeros, sin ningún privilegio y en las mismas condiciones que el resto de la tripulación, y mostrándose muy celosos «en lo tocante a las obligaciones de su hábito y servicio de Dios», amén de lo cual se emplearon a fondo «notando y advirtiendo todo lo necesario para dar entera y cumplida noticia del dicho descubrimiento». «Se debe dar entero crédito» a su relato, añade el capitán, «mejor que a otro ninguno de los que fueron en la dicha jornada». «Y por ser verdad todo lo aquí contenido», concluye, «di esta certificación, firmada de mi mano», una mano firme, «y sellada con el sello de mis armas», sello de bien ganado crédito y armas de fama.

En pos de tan rotundas palabras, sigue otra certificación, extendida esta por fray Pedro de Santa María y de la Rúa, comisario general de la Orden de la Merced en los territorios de Marañón y Pará, acreditadora en sustancia de lo mismo: «en nombre de su Majestad se les había encomendado», confirma este fraile, «hacer averiguación de las cosas más principales del dicho río de las Amazonas», de modo que así corrobora el objetivo de esta aventura de Acuña y su compañero Artieda, comisionados para desvelar la entidad cierta de un espacio sumido en las leyendas, sacando de la oscuridad sus accidentes y propiedades, sus gentes y sus costumbres, empresa cubierta a plena satisfacción a juicio de fray Pedro, *testigo de vista* de dicho viaje («por todo el camino venimos juntos»). De ahí que, a la manera de Tejeira, él también avale la verdad del relato con su firma y con «el sello de mi religión», acreditación por consiguiente de valor doble, personal y colectiva, confirmada por el signo de la Merced, refrendo entonces de los más altos.

En consecuencia, Acuña, comisionado regio, cumplió con creces la obligación de *averiguar* cuanto pudiera de todo, no ya de minas y de riquezas, operativas o potenciales, sino asimismo de los usos, el modo de vida y las creencias de los nativos. Y así levantó un mapa fiel, geográfico y vital, del paraje y el paisanaje en el momento cero de su encuentro con la civilización española, crisol en sí misma de intercambios, fusiones y mestizajes. Por eso hay que hablar de un Descubrimiento y no, simplemente, de un choque de conquista y, menos todavía, de un *encontronazo* que hubiera pretendido hacer tábula rasa de la memoria y la identidad de aquellos pueblos.

Salvando cuantas distancias se quieran, sin duda muchas pero también no tantas, la Corona esperaba que Cristóbal de Acuña y el capitán Tejeira repitieran el modelo, ya perfeccionado e institucionalizado, de fray Ramón Pané y Cristóbal Colón, fruto de la complejidad y las peculiaridades que este apreció desde el principio en los taínos, las claves de cuya idiosincrasia aspiró a conocer.

En su primer viaje, el Almirante tocó tierra en Guanahaní, hoy llamada Isla de Watling, Archipiélago de las Lucayas, y luego fue pasando de isla en isla, dando entre otras con la de Cuba, hasta recalar y hacer asiento en La Española, Santo Domingo y Haití, territorio de los taínos, indios aguerridos, inteligentes y cultos que, en expresión de Salvador de Madariaga, habían «sabido hacerse con una civilización notable» (*Vida del muy magnífico señor don Cristóbal Colón*, México, Hermes, 1952), etnia lamentablemente extinguida a la vuelta de un puñado de años, reducidos los indígenas a recios trabajos e implacablemente diezmados por el aluvión trágico de las enfermedades. ¿En qué creían los taínos, cuáles eran las señas y los rasgos de identidad de su cultura?

Cristóbal Colón comprendió enseguida que esa cuestión, fundamental y compleja, hacía del calificativo de *bárbaro* un latiguillo simplista, privado de sustancia. La civilización de los taínos despertó su curiosidad, la curiosidad de Colón buscó un asidero, y ese asidero fue fray Román Pané, ermitaño con don de lenguas, a quien el Almirante embarcó en su segundo viaje con el propósito exclusivo de que penetrase la cultura y revelase la historia de los taínos, civilización que por mor de esa decisión trascendente no forma parte del inmenso océano de las culturas hundidas en el pozo sin fondo de las conjeturas.

Pané, ciertamente, se puso manos a la obra, descubrió los *cemis*, interpretó sus oráculos, se empapó de aquellas costumbres y entró en el arcano de las tradiciones aborígenes. El resultado de esa misión salió a la luz gracias a la sensibilidad y el cuidado de Hernando Colón, el segundo hijo de Colón, que nació cuatro años antes del Descubrimiento y murió en 1539, ya constituida la Nueva España. Bibliófilo eximio y hombre de letras cabal, al escribir la biografía de su padre, providencial centón de mil historias posiblemente perdidas de no haber mediado esta obra (*Vida del Almirante don Cristóbal*), don Hernando se documentó en el archivo «del mismo almirante», y en paciente escrutinio de cartapacios, encontró los informes del fraile, textualmente reproducidos en su obra. Ahí se encuentra, en sustancia, cuanto sabemos de los taínos. Cristóbal Colón, el Almirante, tenía ansias de conocimiento, y en ello puso especial empeño, encontrando en el cacique Caonabo un interlocutor de primer orden:

> Me he fatigado mucho en entender lo que creen y dónde van después de muertos, y especialmente procuré saberlo de Caonabo, que era el prin-

cipal rey de la Española, hombre de edad, de mucho saber y de ingenio agudísimo, y respondía que van a cierto valle donde cada cacique principal cree que está en su tierra, afirmando que hallaban allí a sus padres y a todos sus antecesores, que comen, tienen mujeres y muchos placeres y alegrías …

Colón no se limitó a recabar el testimonio de Caonabo: «lo mismo respondían otros», añade, remitiendo a continuación a «la escritura […] que mandé hacer a F. Román», quien «sabía su lengua» y había logrado ser uno más entre los taínos. Con estas palabras da paso su hijo a la «Escritura de fray Román, del Orden de San Jerónimo» a propósito «De la antigüedad de los indios, la cual, como sujeto que sabe su lengua, recogió con diligencia, de orden del Almirante». Estamos ante el acta de nacimiento de un caudal nuevo de literatura.

Así pues, en las raíces del Descubrimiento se asienta una actitud de interés, de valoración y respeto intelectual por las lenguas, el arte y los modos, en suma por las culturas indígenas, uno de los rasgos diferenciales, a nuestro juicio, de la conquista española, tradicionalmente instalada en terrenos antípodas de la indiferencia. Los españoles de aquellos siglos querían saber y como fruto de dicha inquietud la Corona desarrolló un sistema de encuestas históricamente pionero, decisivo entonces y fundamental ahora, cumbre del cual sería el cuestionario a partir de 1577 sistemáticamente distribuido por los amplios dominios americanos a todas y cada una de las autoridades, así civiles como eclesiásticas, base de la moderna ciencia Estadística y sustrato de la monumental *Geografía y descripción universal de las Indias* de Juan López de Velasco. Sirvan de muestra algunas de las preguntas planteadas:

> Pueblos españoles: decir el nombre de la comarca y significado en lengua indígena y el por qué de ello. El descubridor y conquistador, año, circunstancias, etc.
>
> La calidad y temperamento, las aguas, vientos …, la tierra, si es llana o áspera, los ríos que la cruzan, los mantenimientos que tiene.
>
> Cuántos indios tuvo y tiene y las causas de su disminución, si es que la hay, la suerte de sus entendimientos y maneras de ser, sus lenguas, si hay una sola o varias.
>
> […]
>
> De los pueblos indios: decir solamente la distancia al Corregimiento y el Cabeza de Doctrina, con gente, nombres, con sus causas, distancias …, significado del nombre en la lengua india y por qué y qué lengua hablan.

Cuántos hombres había al principio y su señorío, tributos, ritos y costumbres. Cómo se gobernaban, con quién estaban en guerra y cómo era el vestido y comida de entonces. Y cuántos hay, si más o menos que antes con sus causas y razones.

En todos los pueblos decir el sitio, si es sierra o valle, con sus nombres y significado, causas y fundador. Las cordilleras cercanas, ríos, con su caudal, la fertilidad de sus riberas y los regadíos, los lagos, fuentes, volcanes y cosas admirables.

Árboles y granos, los llevados de España y si se dan y cómo y cuántos. Yerbas medicinales, animales de la tierra y los traídos de España. Minas, piedras preciosas, salinas …

Las formas de las casas y los materiales que se emplean [...]

El mar, si es bueno o malo, playa o costa, arrecifes, mareas y horarios de ellas, los cabos… Puertos, con su capacidad, profundidad y provisiones. Nombres de islas, con su dibujo.

Pueblos despoblados y el por qué …

Con todas las demás cosas notables en naturaleza y efectos del suelo, aire y cielo que en cualquier parte hubiere y fueren dignos de ser sabidos.

Inmersos en esa corriente, Cristóbal de Acuña recibió de la Corona el encargo específico «de describir con la mayor claridad que os fuere posible la distancia de leguas, provincias, poblaciones de indios, ríos y parajes particulares que hay desde la primera embarcación hasta la dicha ciudad y puerto del Pará, informándoos con la mayor certeza [...] enviando relación de todo» a los magistrados de la audiencia de Quito, misión en caso de falta endosada a su compañero, el padre Andrés de Artieda, previsión ociosa.

Tarea, desde luego, nada sencilla. Bien lo sabía Acuña, consciente de lo que afrontaba: «Casi con las primeras vistas de aquella parte de la América que hoy tiene nombre de Perú, nacieron en nuestra España, aunque por confusas noticias, encendidos deseos del descubrimiento del gran río de las Amazonas, [...] no solo por las muchas riquezas de que fue siempre sospechoso ni por la multitud de gente que mantenían sus orillas, ni por la fertilidad de las tierras y temples apacibles de su habitación, sino principalmente por entender con no pequeños fundamentos que él era la única canal y como calle mayor» de tan vasto hemisferio. Con esta declaración abre su relato nuestro cronista, persuadido de que a él le correspondía poner coto a la fase de las *confusas noticias* y los *encendidos deseos*, elevando los *no pequeños fundamentos* establecidos por los relatos a vuela pluma a la condición de memorial sólido, punto de partida para una penetración ordenada, «allanado ya el paso de este gran río y aclaradas las entradas que a él hay por todo el Perú».

En cuanto a los objetivos estratégicos de la Corona, el memorial de Acuña brindaba atajo a las pretensiones de «los portugueses que están en la boca de este río», salía al paso del *atrevimiento holandés*, apreciaba en aquella multitud la posibilidad de «poblar de nuevo todo lo despoblado del Perú» y levantaba inventario de «las muchas minas y la fertilidad de la tierra» de las inmensas regiones bañadas por «el más caudaloso río de todo el orbe, el fénix de los ríos, el verdadero Marañón. Tan suspirado y nunca acertado de los del Perú, el Orellana antiguo y, para decirlo de una vez, el gran río de las Amazonas», de mil y trescientas y cincuenta y seis leguas de longitud.

«Este es en suma el nuevo descubrimiento», declara en la conclusión de su obra, espacio de grandes tesoros y multitud de gentes. Partiendo de esa actitud, Acuña hizo bueno el deseo de Alberti: pintar de azul, iluminar con palabras la materia confusa de lo ignoto, el gris de los atlas. No escribe a brochazos, ilumina estampas pequeñas y, en armónica suma de precisiones, traza un plano fiel por la imagen y penetrante por los adentros, válido como guía en las muchas acepciones del término.

Ahora bien, con las ponderaciones no es suficiente, porque «el tiempo muda los usos» (Lope de Vega), oscurece las palabras, difumina las referencias y confunde los límites. Persuadidos de ello, con esta edición revisada queremos facilitar al lector de hoy una navegación solazada por el río caudal de este libro, cuaderno de bitácora y aguja de marear durante siglos de cuantos geógrafos y viajeros osaron aventurarse por aquellos parajes, saga encabezada por Guillermo Sansón (1600-1667), cartógrafo de Luis XIV, autor de un mapa pionero de la América Meridional, y el misionero Samuel Fritz (1654-1725), matemático especializado en la medición de las dimensiones terrestres, evangelizador de los omaguas, cuyo ingenio fraguó el primer mapa de la Amazonia.

Cristóbal de Acuña está ahí, a la cabeza de tan noble estirpe y ocupando asimismo un puesto de privilegio en la nómina de los escritores con dominio del relato, sentido de la medida, amplitud de visión y poder para fascinar. Lector, no dudes en comprobarlo.

ESTUDIO PRELIMINAR

I. Las Indias Occidentales: lo nuevo, lo maravilloso

Hay que intentar comprender, desde nuestra mentalidad de hoy, lo que pudo suponer para la Castilla, la España, la Europa de los siglos XVI y XVII el descubrimiento del Nuevo Mundo y las noticias que de él llegaban. Tierras, gentes, costumbres..., nuevas y sorprendentes, que entraban en los cauces de lo maravilloso y fantástico, como en los libros de caballerías, solo que aquí eran reales. Es el otro, lo otro, como decía Todorov, que debió de contrastar fuertemente con lo conocido hasta entonces. Este es el ámbito de las numerosas crónicas y relaciones de Indias, que transmitían por la palabra de Fernández de Oviedo, las Casas, Díaz del Castillo, Cieza de León, López de Gómara..., el mundo de maravillas de las nuevas tierras.

Alborg[1] ha expuesto, certeramente, el sentido y alcance de este apasionante encuentro de historia y fantasía, de relato objetivo y mundo maravilloso:

> El descubrimiento, conquista y colonización de América dieron origen a un tipo de historia que, en su conjunto, constituye uno de los monumentos más notables de nuestra literatura. La novedad del escenario, el exotismo de las costumbres y lo portentoso de los hechos produjeron una historiografía de singular originalidad, cargada de posibilidades, con casi tanto valor novelesco y descriptivo como histórico. La mayoría de estos escritores fueron testigos presenciales de los hechos que relatan, lo que confiere a sus escritos espontaneidad y fuerza inigualables. Generalmente adolecen de falta de

---

[1] Alborg, 1972, I, p. 738.

sentido crítico para separar lo legendario de lo auténtico, pero téngase en cuenta que aquellos historiadores —como los hombres que son objeto de sus libros— caminaban por un mundo de maravillas en el que muchas veces semejaban palidecer las más increíbles fantasías de los libros caballerescos, de los cuales, por lo demás, estaban impregnados. Nada de extraño tiene, pues, que se sintieran propicios muchas veces a creer en mitos y leyendas que con harta frecuencia se encontraban en la línea de sus deseos.

Y este es, también, claro, el marco de *Nuevo descubrimiento del gran río de las Amazonas* de nuestro Cristóbal de Acuña. Él mismo destaca el alcance y significado de lo nuevo:

> un nuevo mundo, naciones nuevas, reinos nuevos, ocupaciones nuevas, modo de vivir nuevo, y, para decirlo en una palabra, un río de agua dulce […] lleno de novedades (Al lector).

Cuando se publica la obra de Acuña ya habían aparecido importantes crónicas de Indias y había transcurrido bastante tiempo desde la llegada a América y su paulatina conquista, pero sigue pesando el concepto de lo *nuevo* y el mundo de maravillas. Varios estudiosos que se han ocupado de esta obra de Acuña no dejan de señalar el alcance legendario, mítico, deslumbrante…, a la par que práctico: «búsqueda del paraíso en la tierra», aprovechamiento de las riquezas, que se percibe en la descripción de Acuña, como en las de otros tantos cronistas de Indias. Escribe al respecto N. Freitas[2]:

> Escrito para llamar la atención de España hacia las riquezas encerradas en el valle del río-mar, queriendo cantar la tierra, los hombres, las selvas, los climas pero teniendo en vista el oro, el ámbar, la canela, la pimienta, las fabulosas riquezas que no veía pero adivinaba con su imaginación, el interés de su libro reside precisamente en esa mezcla de fabulación y de observación directa, ríspidamente real, hecha con ojos atentos a los menores detalles y a los mínimos gestos de los pueblos que, por aquella época, habitaban la legendaria tierra de las amazonas.

Esteves[3] insiste en el sentido mitificador de la visión del Nuevo Mundo (aunque más adelante veremos las protestas de veracidad y objetividad que hace Acuña):

---

[2] Freitas, 1942, p. 7.
[3] Esteves, 1994, p. 28.

Em suma, a tonalidade eufórica da descrição do clima saudável, das terras férteis, das riquezas de todos os tipos disponíveis e da bondade natural dos indios, fazem *a Relação* de Acuña muito parecida aos primeiros relatos de Colombo ou à *Carta* de Caminha. Ele produz aquilo que Beatriz Pastor (1986) chama de discurso mitificador, que mostra um universo ficcionalizado, representando a realidade moldada de acordo com seus desejos e sua concepção de mundo. A Amazonia de Acuña é tão perfeita que *se não houvesse a praga dos mosquitos, poder-se-ia dizer, à boca cheia, tratarse de um imenso paraíso.*

Pero es Leite[4] quien con más contundencia expresa la compleja articulación de espiritualidad, deslumbramiento por la maravilla y ambición de riquezas:

Acuña é pródigo na descrição da abundancia de alimentos, habitantes e possibilidades de expansão de riqueza. Difícil precisar o que se esconde atrás desse deslumbramento. Segundo o historiador brasileiro Ronaldo Vainfas [...] a expansão ibérica estava «embebida do maravilhoso, eivada de espiritualidade, inflamada pela visão do Éden tropical, sem excluir a cobiça e a ambicão que, pelo contrário, foram coloridas pela profusão de criaturas e crenças fantásticas». Teria sido essa a mensagem que o jesuíta transmitiría ao seu rei?

II. Cristóbal de Acuña. Vida y obra

Lamentablemente no son muchos los datos que poseemos sobre la vida y obra de este aguerrido jesuita burgalés que recorrió el fabuloso Amazonas en 1639 y dio cumplida cuenta de la «aventura» que ello suponía, aunque también hubo unas razones concretas y «prácticas» para la expedición.

Con los datos que ofrecen Simón Díaz, Rubio González y Leite[5]; y con los que nos proporciona el propio autor se obtiene un breve perfil biográfico en el que destaca su condición de jesuita con importantes

---

[4] Leite, 1994, p. 24.
[5] Ver Simón Díaz, 1955, pp. 427-428, que cita los repertorios de Antonio, García Paredes, Martínez Añibarro y Uriarte; Rubio González, 1988, p. 29; Leite, 1994, pp. 7-8.

cargos en la Orden y en la Inquisición. Simón Díaz resume la vida de Acuña:

> N. en Burgos por 1597. Jesuita desde 1612. Fue misionero en Chile y en 1634 fundador y primer Rector del Colegio de la Compañía en Cuenca (Ecuador). Participó en el descubrimiento del río de las Amazonas (1639), volvió a España como Procurador de su Provincia y regresó a América en 1644, muriendo en Lima el año 1670.

Por su parte, Rubio González da como fecha de fallecimiento 1675 y añade algunos datos[6]:

> Nació en Burgos, en 1597. Ingresó en la Compañía de Jesús y fue destinado a las misiones de Perú. Enseñó Teología y posteriormente fue nombrado rector del Colegio de Cuenca, en Quito.
> Acompañó al padre general Texeira, y de las notas de su viaje procede la relación *Nuevo descubrimiento del gran río de las Amazonas*. Esta obra se entregó impresa al Consejo de Indias en 1641. Era una relación breve, que posteriormente amplió y editó en Madrid. La primera es una obra rarísima y la segunda es de gran importancia.
> Después de viajar a Roma como procurador de su provincia fue nombrado calificador de la Suprema Inquisición. Regresó a las Indias y murió en Lima, en 1675.

Leite, por su lado, destaca la condición de Acuña de misionero experimentado en Chile, Perú, Ecuador y el que fuera hermano de Juan Vázquez de Acuña, corregidor en la ciudad de Quito, de gran patrimonio con el que estaba dispuesto a sufragar una expedición bajo su mando, que no fue autorizada.

El hecho de la vida de Acuña que aquí nos interesa, básicamente, es la expedición amazónica de 1639 y la cumplida cuenta que de ella da en *Nuevo descubrimiento del gran río de las Amazonas* publicado en 1641.

Parece que la recepción y difusión en España de esta obra, que conoció diversas traducciones a otras lenguas, no fue extraordinaria,

---

[6] El Texeira que acompañó el P. Acuña no era ningún general de la compañía, sino el capitán Pedro Texeira, encargado de la expedición, como se advertirá leyendo la relación que editamos aquí.

quizá, según piensa Leite[7], por las difíciles relaciones entre «el poder de la cruz y las razones de la espada», que explica así:

> A nova conjuntura ibérica iria mudar, como seria de esperarse, os rumos do Brasil, como iria, também, impor graves restrições ao livro de Acuña, impresso em 1641: *Nuevo descubrimiento del gran río de las Amazonas. Por el Padre Cristóbal de Acuña, religioso de la Compañía de Jesús y calificador de la Suprema Inquisición.* Rodolfo García informa-nos que, por motivos políticos, a edição foi suprimida, o que tornou o livro extremamente raro. Na realidade, o fim da união ibérica estava a indicar um outro clima nas relações luso-castelhanas. Além do mais, a Companhia de Jesus nem sempre esteve nas boas graças dos monarcas e das Cortes européias, tanto pela divergência que tendîa a aumentar, em torno do poder dos colonos —e ja era uma disputa de longa data— quando pela escravização da mão-de-obra africana e indígena.

Esteves[8] señala la reducida tirada que convirtió la obra en rara: «menos de meio século depois ja era difícil de conseguir um exemplar».

Algunas informaciones coetáneas sugieren otro motivo para esta al parecer limitada difusión: Pellicer en sus Avisos (el del 5 de febrero de 1641) da noticia de la llegada de Acuña a la corte, con sus materiales y relación, la cual se ordena no saque a luz, por temor de que los enemigos emprendan la navegación y usurpen los derechos españoles[9]:

> Ha llegado aquí el P. Acuña, jesuita, de las Indias Occidentales. Su venida tuvo este motivo: que unos portugueses quisieron entrar por el río Orinoco, que desemboca en el mar del Norte por muchas bocas y de grandes leguas de ancho, por el paraje de las islas de la Trinidad. Subieron el río arriba infinitas leguas hasta que por cerca de un lago llamado Paitite llegaron a la vista de la ciudad de Quito en el Perú, por camino jamás intentado. Espantose la Audiencia real de esta osadía, pues si fueran enemigos pudieran saquear una de las más ricas ciudades de América. Mandoles volver al punto por el mismo río, prohibiéndoles la navegación por allí para

---

[7] Leite, 1994, pp. 9-10.
[8] Esteves, 1994, p. 29.
[9] Tomamos la cita de Jiménez de la Espada, 1889, pp. 50-51. La del P. Ruiz de Montoya en el mismo lugar, p. 53.

siempre. Aventurose a venir con ellos el P. Acuña y vino notando las alturas, costas, grados, líneas, senos, calas, islas y rumbos del viaje. Tráelo todo demarcado; cuenta extrañas cosas de gentes, naciones, trajes, bárbaros nunca imaginados. Dice entre otras cosas que pasó por seis leguas de la tierra de los gigantes, donde le dijeron que las criaturas que aún mamaban eran de la estatura misma suya, y él es bien alto. Hásele mandado no saque a luz nada, porque los enemigos no emprendan continuar esta navegación y perficionarla.

En diciembre de 1640 el jesuita P. Antonio Ruiz de Montoya, en carta al P. Rafael Pereira, comenta con cierto escepticismo algunos de los extremos del relato de Acuña y señala que este «no imprime nada, porque así se lo han mandado, porque no lo entiendan los holandeses, que ya lo tienen corrido y tienen más noticia de ello que nadie».

De todos modos la obra se imprimió. Como se verá, tuvo una importante difusión en otras lenguas, y aun en español siempre hay que tener la cautela de la distancia que puede haber entre lo conservado y lo que existió realmente, como tantos casos tenemos en nuestra literatura en este sentido.

III. El «Nuevo descubrimiento del gran río de las Amazonas»

Esta obra de Acuña se enmarca en el mundo de las crónicas y relaciones de Indias en general, y en las referidas al Amazonas en particular. Antes de entrar en el comentario del *Nuevo descubrimiento*, de Acuña, conviene dar breve noticia, meramente sintomática, de la presencia del Amazonas en las crónicas generales y en las particulares que tratan el tema.

Con mayor o menos peso e importancia, aparece la «historia» del Amazonas en crónicas de carácter general como las de Fernández de Oviedo (*Historia general de las Indias*); Zárate (*Historia del descubrimiento y conquista de la provincia del Perú*); López de Gómara (*Historia general de las Indias*); Herrera (*Décadas*); Cieza de León (*La guerra de Chupas*); el Inca Garcilaso (*Historia general del Perú*) etc. Habría que explorar los desbordantes mundos del teatro (baste recordar la *Trilogía de los Pizarro*, de Tirso de Molina), la multitud de géneros poéticos, relaciones, pliegos... etc., —cosa que no hemos hecho— para tener idea de la importancia del Amazonas en la literatura de la época. En todo caso, son más pertinentes ese puñado de obras —de la época o posteriores—, como las de Carvajal, Rojas, Arias de Almesto, Rodríguez, Ortiguera, Chantre, etc., que se centran en la «aventura» amazónica, habida cuenta, como veremos, de viajes anteriores por el Amazonas, que, como era natural, había despertado gran interés[10].

Acuña, antes de relatar su aventura da cumplida cuenta de los descubrimientos anteriores, comenzando por Orellana:

> Estos deseos solicitaron el corazón de Francisco de Orellana a que el año de mil y quinientos y cuarenta, en cierta embarcación y con algunos compañeros, se fiase de las corrientes de este gran río, que desde entonces tomó también el nombre de Orellana, y pasando a España, por la relación que de sus grandezas dio, la cesárea majestad del emperador Carlos Quinto le mandó dar tres navíos con gente y todo lo necesario para que le volviese a poblar en su real nombre, a que salió el año de cuarenta y nueve, si bien con tan adversa fortuna que, muriéndosele la mitad de los soldados en las Canarias y islas de Caboverde, con los demás que cada día se le iban disminuyendo, llegó a la boca de este gran río tan falto de gente que le fue fuerza dejar dos navíos que hasta aquel punto había conservado, y no se sintiendo con fuerzas para más, en dos lanchas de buen porte que fabricó, con toda su gente prosiguió sus intentos entrando el río arriba, que a pocas leguas reconoció no habían de tener buen fin. Y así reduciéndose todos a una sola embarcación, se retiraron por la costa de Caracas, hasta dar en la Margarita, adonde acabaron todos, y con ellos las esperanzas de que su majestad entrase en posesión de lo que tanto se deseaba y en sí prometía. (Núm. II).

Y sigue con el de Pedro de Ursúa y la intervención del famoso, también en la literatura, Lope de Aguirre:

> Volviéronse a avivar estas esperanzas veinte años después, que fue el de quinientos y sesenta, con la entrada que por orden del virrey del Perú hizo a este gran río el general Pedro de Orsúa, arrojándose con buen ejército a sus aguas para ser testigo de vista de las grandezas que solo por noticias se publicaban de él, pero con tal mal suceso que fue muerto a traición por el tirano Lope de Aguirre, el cual, levantándose no solo por general, sino también por rey, y prosiguiendo el viaje comenzado, no permitió Dios que

---

[10] Ver Melo, 1941; Durán, 1990; Esteves, 1993; 1994; Díaz Maderuelo, 2002; Porro, 1993.

acertase a la principal boca por donde este gran río desagua en el océano... (Núm. III).

A partir de aquí se ocupa Acuña de otros intentos y sus resultados. Señala los fallidos de Vicente de los Reyes, Alonso de Miranda, José de Villamayor, Benito Maciel, Francisco Coello, por diversas causas.

Hacia 1635, 1636 ó 1637 varios franciscanos, acompañando al capitán Juan de Palacios, emprenden la navegación de tan «tentador» río, que ya habían intentado hacía más de treinta años unos jesuitas con final trágico. Llegaron los franciscanos a tierras de los encabellados, donde permanecieron algunos meses, pero por el asesinato del capitán Palacios y porque la expedición no avanzaba se volvieron a Quito, excepto dos legos, fray Domingo de Brieva y fray Andrés de Toledo que

> con seis soldados en una embarcación pequeña, se dejaron llevar de la corriente río abajo, no con otro intento, a lo que se puede imaginar, que llevados del divino impulso, que en tan flacos instrumentos tenía librado el primer descubrimiento de este río. (Núm. VII).

Consiguieron llegar a la ciudad de Pará, a cuarenta leguas de la desembocadura y a la ciudad de San Luis del Marañón, tras haber pasado «por inmensas provincias de bárbaros, y muchas de ellas caribes, que comen carne humana». Pudieron dar noticia al rey, pero, al parecer sin mayores detalles:

> A este, pues, dieron los dos religiosos noticia de su viaje, que fue como de personas que venían cada día huyendo de las manos de la muerte, y lo que más pudieron aclarar fue decir que venían del Perú, que habían visto muchos indios y que se atreverían a volver por donde habían bajado, habiendo quien quisiese seguir esta derrota. (Núm. VIII).

Por ello, como escribe gráficamente Acuña, tras estos intentos que hemos visto todo estaba confuso y «había que aclarar las sombras» para que su majestad pudiera decidir: por esta razón se realiza el primer viaje de Pedro Tejeira, antecedente inmediato del que realizará nuestro jesuita Acuña.

Este primer viaje de Pedro Tejeira se lleva a cabo desde la desembocadura hacia Quito. Escribe nuestro autor:

Salió pues este buen caudillo de los confines del Pará a los veinte y ocho de otubre de mil y seiscientos y treinta y siete años, con cuarenta y siete canoas de buen porte (embarcaciones de que adelante se dirá) y en ellas setenta soldados portugueses, mil y ducientos indios de boga y guerra, que con las mujeres y muchachos de servicio pasarían todas de dos mil personas. (Núm. X).

Y describe a partir de aquí con detalle las penalidades del viaje amazónico de Tejeira hasta llegar al punto que nos interesa: el viaje del propio Acuña. Así, el 10 de noviembre de 1638 se decide que el capitán mayor Pedro Tejeira realizase un nuevo viaje a la inversa del primero, es decir, de Quito hacia la ciudad de Pará. Antes de entrar en él, son necesarias algunas puntualizaciones.

Hay que tener presente, como señala Díaz Maderuelo, que el descubrimiento español «se abre sin duda, con el avistamiento de la desembocadura del río, en 1500, por los marinos que integraban las expediciones de Vicente Yáñez Pinzón, Diego de Lepe y Alonso Vélez»[11], anteriores a la empresa de Orellana por los años de 1541 y 1542 (bien estudiada por Gil Munilla). Por otra parte habría que matizar el sentido, en sí mismo, del concepto de descubrimiento, como hace en el lugar citado Díaz Maderuelo:

> El descubrimiento del Amazonas no puede limitarse, por tanto, a una fecha, como si, con anterioridad a ella, la región no existiese o fuese simplemente un reducto de naturaleza virgen. Al contrario, cada nueva datación arqueológica, cada noticia sobre el contacto de los europeos con los indígenas habitantes de la cuenca, cada hito de la avanzada desarrollista de la Amazonia actual, representan solamente momentos particulares que adquieren verdadero significado cuando se insertan en el proceso secular que los ha hecho posibles. Por tanto, lo que habitualmente se denomina descubrimiento del Amazonas, de igual manera que ocurre en lo que se refiere a otras muchas áreas del mundo, es simplemente la parte de ese proceso que corresponde a los agentes europeos, en este caso españoles, que abarca un período histórico de al menos siglo y medio.

De estas navegaciones y aventuras amazónicas, anteriores a la de nuestro Acuña, hay varios relatos, en los que no hace al caso entrar aquí

---

[11] Díaz Maderuelo, 2002, p. 5.

por extenso. Pero sí nos parece oportuno aludir, brevemente, a algunas obras por la relación que guardan con la de nuestro autor, como las de Carvajal, Rojas[12] y Rodríguez[13].

Como apunta Esteves, Acuña «acabou repetindo algumas lendas relatadas por Carvajal» (que describe el viaje de Orellana), pero es más cauto y objetivo. En cambio, de la obra de Rojas, que describe la expedición de Tejeira, toma varios párrafos e informaciones[14]. Por otra parte, con la obra de Rodríguez, *Descubrimiento del Marañón* (1648) ocurre a la inversa, aunque el autor lo indica expresamente, pues incorpora buena parte de la obra de Acuña, añadiendo en algún caso comentarios y completando algunos detalles. La inserción de los textos de Acuña se sitúa en el libro II, capítulos VI-XIV de la obra de Rodríguez.

También es interesante el *Nuevo descubrimiento del río Marañón, llamado de las Amazonas*, de Laureano de la Cruz, que usamos con frecuencia en nuestra anotación de Acuña[15].

Hay otros textos y documentos sobre la aventura amazónica en los que, como decíamos, no entramos aquí, como no entramos en las motivaciones políticas (España-Portugal) y las rivalidades misioneras y de dominio, especialmente entre franciscanos y jesuitas (tema del que se han ocupado los estudios de Esteves, Leite, Durán, o Díaz Maderuelo, ya citados). Vamos ya al Amazonas, de la mano del jesuita Acuña.

Como ya se ha señalado, el 10 de noviembre de 1638 se decide que el capitán mayor, Pedro Tejeira, realice a la inversa su viaje primero, acompañándole dos cronistas y testigos fehacientes:

> dándoles todo lo necesario para el viaje, por la falta que tan buenos capitanes y soldados sin duda harían en aquellas fronteras que tan infestadas

---

[12] Ver la edición de Díaz Maderuelo. Esta relación del primer viaje de Tejeira (*Descubrimiento del río de las Amazonas y sus dilatas provincias*) la atribuye a Alonso de Rojas Jiménez de la Espada (1889). Cuesta, 1993, la publica como anónima (ver Cuesta, 1993, p. 92).

[13] Ver edición de Durán. Manejamos también la de Madrid, Antonio González de Reyes, 1684.

[14] Esteves, 1994, p. 20. Ver también Díaz Maderuelo, 2002, pp. 18-20.

[15] Ver la edición de Cuesta, 1993, en un volumen junto a las relaciones de Gaspar de Carvajal, Francisco Vázquez y la de Rojas (o anónima) *Descubrimiento del río de las Amazonas y sus dilatadas provincias*.

son de ordinario del enemigo holandés, mandando juntamente que, si fuese posible, se dispusiesen las cosas de suerte que fuesen en su compañía dos personas tales a quienes se pudiese dar fe por la corona de Castilla de todo lo descubierto y de lo demás que a la vuelta de viaje se fuese descubriendo. (Núm. XIV).

Y es aquí donde comienza la aventura amazónica del jesuita Cristóbal de Acuña, acompañado del también jesuita Andrés de Artieda, a los que nombra la Real Chancillería de Quito con unas misiones muy concretas:

> Viendo el licenciado Suárez de Poago, fiscal de la Real Chancillería de Quito, ya de partida la portuguesa armada, y considerando como fiel ministro de su majestad los muchos útiles y ningunos inconvenientes que se podían seguir de que dos religiosos de la Compañía de Jesús la acompañasen, notando con cuidado todo lo digno de advertencia en este gran río [...] se le dio noticia de ello al provincial de la Compañía de Jesús, que a la sazón era el padre Francisco de Fuentes, el cual [...] nombró en primer lugar, para esta empresa, al padre Cristóbal de Acuña (Núm. XVI).

En un sugestivo texto, de buena hechura literaria, Acuña resume toda su misión con protestas de objetividad y veracidad, antes de proceder a continuación a describirla paso a paso, cumpliendo los propósitos —como iremos viendo— que aquí manifiesta:

> Obedecieron luego los dichos padres a lo que se les mandaba, y a los diez y seis de febrero de mil y seiscientos y treinta y nueve dieron principio a tan luengo viaje, que duró por espacio de diez meses, hasta entrar en la ciudad del Pará [...] después de haber con muy particular cuidado notado todo lo que en él hay digno de advertencia, después de haber marcado sus alturas, señalado por sus nombres los ríos que le tributan, reconocido las naciones que se sustentan en sus orillas, visto su fertilidad, gozado sus mantenimientos, experimentado sus temples, comunicado sus naturales; y finalmente después de no haber dejado cosa de las en él contenidas de que no puedan ser testigos oculares.
> Como a tales pues, como a personas que tantas obligaciones nos corren de ser puntuales en lo que se nos ha encomendado, pido yo a los que esta relación leyeren me den el crédito que es justo, pues yo soy el uno de ellos, y en nombre y por parecer de entrambos tomé la pluma para escribirla.
> Digo esto por las que podrá ser saquen otros a luz, quizá no tan ajustadas a la verdad como convenía. Esta lo será, y tanto, que por ningún caso pon-

dré en ella cosa de que no pueda con la cara descubierta atestiguar con más de cincuenta españoles... (Núm. XVII).

Es importante notar la preocupación que tiene Acuña por la veracidad, objetividad y fidelidad de su relato, pues no en vano podía haber, por una parte, deformaciones interesadas, y, por otra, las propias características de la aventura y de las tierras recorridas podían llevar a pensar en un mundo fabuloso, inventado literariamente, como decíamos al comienzo. Es el complejo y apasionante mundo de los encuentros de realidad y ficción en las crónicas de Indias de los siglos XVI y XVII.

A lo largo de la obra hay referencias por parte de Acuña a su forma de proceder respecto a la veracidad y objetividad de su relato amazónico. Así, cuando se muestra cauteloso «porque no hay suficientes noticias», cuando comenta el grado de fiabilidad de lo que otros le cuentan, cuando insiste en que averigua «con cuidado» y recopila «con puntualidad», etc. Pero hay, además, certificaciones de veracidad, como la expedida por el capitán mayor Pedro Tejeira:

> vino en mi compañía desde la dicha ciudad hasta la del Pará el reverendo padre Cristóbal de Acuña, religioso de la Compañía de Jesús, con su compañero el reverendo padre Andrés de Artieda, en el cual viaje cumplieron entrambos así en lo tocante al servicio de su majestad, a que eran inviados, como buenos y fieles vasallos suyos, notando y advirtiendo todo lo necesario para dar entera y cumplida noticia del dicho descubrimiento, a que se debe dar entero crédito, mejor que a otro ninguno de los que fueron en la dicha jornada...

O por el mercedario fray Pedro de Santa María:

> certifico a todos los que la presente vieren como los reverendos padres Cristóbal de Acuña y Andrés de Artieda, su compañero, religiosos de la Compañía de Jesús, vinieron desde la provincia de Quito en compañía de la armada portuguesa que de vuelta del descubrimiento del río de las Amazonas bajó por él hasta la ciudad del Pará [...] cumpliendo juntamente con lo que por parte de la real audiencia de Quito, en nombre de su majestad se les había encomendado en lo tocante a hacer averiguación de las cosas más principales del dicho río de las Amazonas, que hizo el dicho reverendo padre Cristóbal de Acuña con el cuidado que se verá por su relación, a que juzgo se debe dar entero crédito por ser persona desinteresada y que solo movido del servicio de Dios y del rey emprendió jornada tan trabajosa.

Significa todo esto —y es importante para el sentido general de las crónicas de Indias— que lo que vendrá a continuación, por más fabuloso, extraño o sorprendente que pueda parecer, ha de ser interpretado como verdadero y comprobado con fidelidad. Claro que no se alude en todo esto a la intencionalidad política, religiosa, práctica del viaje que, de alguna forma, pudo condicionar la «mirada», la interpretación y, consecuentemente, la cuenta que del viaje se da según unas intenciones precisas. Porque el recorrido amazónico no se realiza con vocación de naturalista, de geógrafo, de antropólogo —aunque mucho de todo esto haya en la obra de Acuña—, sino con unos fines precisos y para unos resultados concretos, a los que se alude varias veces a lo largo de la obra, en los documentos preliminares y específicamente en el *Memorial presentado en el Real Consejo de Indias*, en el que se destaca el interés de la conversión de los indios y la conveniencia de que semejante tarea se encomiende a la Compañía de Jesús.

Se trata, además, de confirmar los derechos españoles frente a las aspiraciones portuguesas —que acabarán predominando—y examinar la posibilidad de llegar, vía arriba, a Perú; la conveniencia de que la conquista se haga desde Quito, facilitando con el dominio del río la llegada de los galeones a España, etc. No se le escapan a Acuña los intereses económicos, políticos y militares, pero resulta interesante notar la relación entre economía y sumisión al Santo Evangelio. El rey sacará grandes beneficios reduciendo a su obediencia a los pobladores del Amazonas:

> podrá por el mesmo río abajo, mejor aún que por la mar, echar de la boca de él a cualesquiera otros que con siniestro título la posean y asegurar por este camino los muchos, riquísimos frutos que de él se esperan [...] se hará más fácil y necesitará de menos gastos para concluirse con felicidad.

Hay que «tomar muy a pechos» la conquista y conversión de este nuevo mundo, porque si los indios «se sujetan al yugo del santo evangelio y con general paz, cesarán las continuas guerras con que cada día se consumen unos a otros», y cesando estas guerras aumentarán los beneficios mineros y agrícolas haciendo del Amazonas otro nuevo Perú.

Leite[16] resume bien el sentido e intenciones del viaje de Acuña:

---

[16] Leite, 1994, p. 6.

> O relato da missão que cabia aos dois jesuítas levar a bom termo, pleiteada que fora, como se supõe, com afinco junto às autoridades do Vice-Reino do Perû e da Província de Quito, deveria ser encaminhado ao Conselho das Índias para conhecimento do rei espanhol. Não seria, pois, um relatório de viagem qualquer, feito com imaginacão e entusiasmo por algum aventureiro em busca de fortuna, mas, sim, um documento bem fundamentado que pudesse vir a influenciar, ou mesmo determinar, a formulação de estratégias políticas com relação ao controle militar do imenso e, possivelmente, disputado vale amazônico.

Díaz Maderuelo[17] recoge también algunas «metas impulsoras» de la «aventura amazónica»:

> Es necesario, por tanto, profundizar algo más para desvelar los fundamentos que subyacen como impulso de las iniciativas descubridoras desde Quito. Si se examinan los testimonios escritos que han llegado hasta nuestros días, pueden descubrirse numerosas referencias de carácter legendario. Estas alusiones a elementos míticos están presentes en cualquier empresa de descubrimiento, pero precisamente Quito era una región de encrucijada donde las noticias acerca de tierras ricas en oro, o de lugares paradisíacos, eran tema de conversación frecuente; además, el contacto con indígenas selváticos en esta región había posibilitado la comparación de las referencias legendarias hispánicas con aquellas proporcionadas por los indios. Entre estas leyendas, la relativa al País de la Canela contaba ya con cierta tradición prehispánica. Además, no conviene olvidar que es en Quito donde en esta época comienzan a aglutinarse los elementos que constituirán la leyenda de El Dorado. Por si esto fuera poco, habría que añadir que en esos momentos el eco de la conquista de los imperios azteca e inca aún debía de resonar con fuerza en los oídos de los españoles que se trasladaban a América y el esplendor de esas civilizaciones, y las noticias acerca de sus copiosas riquezas venían a confirmar, de alguna manera, la veracidad de ciertas leyendas forjadas desde antiguo en la tradición europea y avivadas por las ansias expansionistas que caracterizaron el Renacimiento.

Ya desde el comienzo de su relación, en la dedicatoria al Conde Duque define Acuña la perspectiva e intenciones del viaje amazónico, situando así la proclamada veracidad y objetividad en su marco de referencia.

---

[17] Díaz Maderuelo, 2002, pp. 11-12.

IV. Temas y contenidos

Después de considerar varios aspectos de la vida y obra de Acuña y algunos datos destacables de su expedición por el Amazonas, nos detendremos brevemente en algunos temas y contenidos fundamentales del *Nuevo descubrimiento del gran río de las Amazonas*, que nos llevan a lo que decíamos al principio sobre lo nuevo y maravilloso en las Indias Occidentales o América hispana. El camino que vamos a seguir —guiado por la idea básica de lo maravilloso, nuevo, sorprendente...— parte de la consideración de América, y en este caso de las tierras amazónicas, como lugar de riqueza y fertilidad, para transitar después por la sorprendente geografía amazónica, sus gentes, vida y costumbres.

Riquezas y maravillas

Díez Borque[18] apunta que los dos grandes tópicos que forman el imaginario colectivo sobre el Nuevo Mundo son América como fuente de riqueza y América como lugar de idolatría y, consecuentemente, de conversión, después de la aventura de conquista. Y estos son los motivos que hemos considerado ya en Acuña, y que han sido señalados por varios estudiosos citados.

En su análisis Díez Borque estudia el camino que va de la exaltación religiosa a la concepción de las Indias como lugar por excelencia de la riqueza en varias obras de Calderón, afirmando al respecto:

> Pero como sabemos y ya adelanté, en el «imaginario» colectivo, y también en el teatro de Calderón, las Indias Occidentales son el lugar de la riqueza por excelencia, tierra de promisión de la que llegan «tesoros» a la metrópoli, convirtiéndose también en incitación personal para participar en la aventura. Hemos venido viendo la justificación religiosa de la conquista, la construcción ideológica para explicar una guerra de dominio e imposición, la explicación por valores sobrenaturales, con las repetidas protestas de que a América se fue a catequizar y no a colonizar. Pero esto no impide que en el teatro de Calderón de la Barca —poliédrico, contradictorio y plural— aparezca repetidamente la idea de que las Indias Occi-

---

[18] Díez Borque, 2001, pp. 708-713.

dentales son, por antonomasia, el lugar de la riqueza, que hace atractivo el riesgo para obtener unos beneficios.

En el léxico *Indias* se había hecho equivalente a riqueza. Leemos en Covarrubias:

> Hay Indias orientales y occidentales, de la mayor parte de ambas y de lo descubierto de ellas es señor la majestad del rey Filipo III [...] indiano es el que ha ido a Indias, que de ordinario estos vuelven ricos...

Pero en el *Diccionario de Autoridades* encontramos la siguiente definición de *India*, muy reveladora de cómo el léxico común ha asumido la equiparación de Indias y riqueza:

> Abundancia y copia de riquezas y preciosidades. Díjose por semejanza a de las Indias donde se hallan minas de oro y de plata.

Y también dice que *indiano* «Se llama también el muy rico y poderoso».

En *Nuevo descubrimiento* de Acuña aparece repetidamente la idea de enriquecimiento y conversión como frutos de la conquista, razones de la empresa americana. De forma repetida y destacada alude al oro de Indias, el preciado metal, como gran tesoro de las Indias Occidentales, incitación para la aventura personal y para la empresa colectiva de la Corona. Y para convencer al rey Felipe IV, valgan estos testimonios[19]:

> ¿Y quién, para decirlo de una vez, sino el excelentísimo señor Conde Duque, podrá patronizar tan grandiosa empresa, de que depende la conversión de infinitas almas, el acrecentamiento de la real corona, y la defensa y guarda de todos los tesoros del Perú? (Dedicatoria al Conde Duque).

---

[19] Añádanse las menciones al oro, plata y piedras preciosas de los núms. XLVI: «sacando todos los años de sus orillas el oro que necesitan para sus gastos»; XLIX: «el río Aguarico, bien conocido, así por su temple menos sano, como por el oro que de él se saca, de que tomó también nombre de Río del Oro»; LIV: «los omaguas, que dicen son gente riquísima de oro», el río Uza «tiene mucho oro»; LXXVI: «han sacado muchas veces otro metal más duro que el oro, de color blanco, que sin duda es plata [...] Hay en este mismo distrito dos tierras que la una, [...] cuando la da el sol y también en las noches claras resplandece de suerte que toda ella parece esmaltada de rica pedrería y de cuando en cuando revienta con grandes estruendos, muestra cierta de que en sí encierra piedras de mucho valor», etc. etc.

Casi con las primeras vistas de aquella parte de la América que hoy tiene nombre de Perú, nacieron en nuestra España, aunque por confusas noticias, encendidos deseos del descubrimiento del gran río de las Amazonas [...] no solo por las muchas riquezas de que fue siempre sospechoso, ni por la multitud de gente que mantenían sus orillas, ni por la fertilidad de las tierras y temples apacibles de su habitación... (Núm. I).

Cometiendo juntamente lo espiritual de ellas, en lo tocante a la conversión y enseñanza de los naturales a los religiosos de la Compañía de Jesús [...] este grandioso río, ofrece crecidos aumentos a la real corona de vuestra majestad (Memorial).

No trato de las muchas minas de oro y plata de que se tiene noticia en lo descubierto y que se descubrirán forzosamente en adelante, que si mi juicio no me engaña han de ser más y más ricas que todas las del Perú, aunque entren en ellas las del afamado cerro de Potosí. (Núm. XXXIV).

La fertilidad de las tierras amazónicas es idea repetida en la obra de Acuña, quien pondera las riquezas en tabaco, cacao, madera, azúcar, resinas olorosas y plantas medicinales, y pastos capaces de sustentar infinitos ganados (ver núms. XXXII, LXV, LXXVII...).

Como venimos viendo no puede separarse la idea de América, de las tierras amazónicas, de la ponderación de riqueza: en la fertilidad de la tierra y en el oro, plata y piedras preciosas. Esta es, también, la cara próxima de los grandes ideales de conquista y conversión.

Las tierras: geografía del Amazonas

La crónica de Acuña es una minuciosa descripción de la cuenca del Amazonas en sus diversos aspectos: nacimiento, longitud, anchura, entradas, puertos, islas, riberas, pobladores, desembocadura, etc.

Con un detallismo de geógrafo físico experimentado, Acuña «como testigo de vista» va llevando al lector por un itinerario de tierras exóticas con nombres de ríos, entradas, leguas que separan las entradas, y como geógrafo humano se ocupa de las gentes, vida, costumbres...

No vamos a entrar aquí en el detalle del itinerario que recorrió Acuña. El lector podrá recorrerlo con su imaginación y hasta seguirlo en un mapa, con algunas dificultades debidas a los cambios de nombres o de accidentes geográficos y emplazamientos de poblaciones o extinciones de pueblos indígenas. Lo que nos interesa aquí, a tenor de lo que hemos venido viendo, es la exaltación que Acuña hace del río Amazonas, coherente con la idea repetida de las Indias Occidentales como mundo de la maravilla, de lo extraordinario. Es la magnificencia del Amazonas, que nuestro autor transmite con una prosa que rezuma sorpresa y admiración ante tal prodigio de la naturaleza:

> Porque si el dilatado imperio de Etiopia se alza con tan glorioso renombre por ocupar su juridición espacio de novecientas leguas, si la gran China, por encerrar en dos mil de circuito quince diferentes reinos, espanta al mundo su grandeza, y si la longitud que del Perú se publica se reduce a términos de mil y quinientas leguas, que se miden desde el Nuevo Reino de Granada hasta los últimos fines del de Chile, con cuánta más razón adquirirá sobre todo lo descubierto título de grande el río de las Amazonas, pues en espacio de casi cuatro mil leguas de contorno encierra más de ciento y cincuenta naciones de lenguas diferentes, suficiente cada una de ellas a hacer por sí sola un dilatado reino, y todos juntos un nuevo y poderoso imperio. (Dedicatoria al Conde Duque).

En el núm. XVIII lo compara ventajosamente con los grandes y famosos ríos de la antigüedad, como el Ganges, Nilo, Éufrates, lo que lleva a sus últimas consecuencias al tratar de las desembocaduras: al fin, de la grandeza de este río provendrán provecho terrenal y gloria espiritual, es decir, riqueza y conversión:

> Este es en suma el nuevo descubrimiento de este gran río que, encerrando en sí grandiosos tesoros, a nadie excluye, mas antes a todo género de gente convida liberal a que se aproveche de ellos. Al pobre ofrece sustento, al trabajador satisfacción de su trabajo, al mercader empleos, al soldado ocasiones de valer, al rico mayores acrecentamientos, al noble honras, al poderoso estados y al mesmo rey un nuevo imperio. (Núm. LXXXIII).

El clima de estas tierras amazónicas entra también en los cauces de esa visión idílica, de ese mundo de maravilla: es templado, «de suerte que ni hay calor que enfade, ni frío que fatigue, ni variedad que sea molesta» ni conoce los aire corruptos tan peligrosos para la salud (núm. XXIX). ¡Lástima de los mosquitos, que impiden confundir a tales parajes con el Edén!

Las gentes: los indios, las amazonas

En la descripción que hace Acuña de la población nativa destaca, naturalmente, la presentación del extraordinario y mítico pueblo de las mujeres guerreras, las amazonas, que darán nombre al río. Nos interesa, antes de entrar en detalles, preguntarnos por la actitud de Acuña ante la población indígena en momentos de tan ardua polémica sobre ello, y con el recuerdo del padre Bartolomé de las Casas al fondo. Esteves[20] escribe sobre esto:

> Também na Amazônia os jesuítas se consideravam os fiéis defensores dos índios, em nome da coroa castelhana, contra as constantes expedições portuguesas que pretendiam não apenas capturar nativos para vender como escravos em Belém mas, sobretudo, ocupar aquele vasto território que, teoricamente, pertenecia ao domínio español.

Leite[21] destaca la actitud de estos jesuitas a favor de la libertad de los indios, en contra de los portugueses y, pertinentemente, se pregunta por el número de indígenas antes de la llegada de los europeos y lo que esta significó en cuanto a la reducción de la población de indios:

> Do relato de Acuña, fica-nos uma indagação maior: qual era a população indígena que ele descreve? A impressão que nos deixa é a de uma região densamente povoada em toda a várzea de Tapajós. [...] O relato anterior de Carvajal, que acompanhara a descida de Orellana em 1541, referia-se à grande densidade populacional do Amazonas, ao elevado nível de desenvolvimiento material das comunidades indígenas e, sobretudo, à sua agressividade em face da presença dos espanhóis. O próprio Padre Antonio Vieira, que assumiu a política de proteção dos indios do Maranhão e do Pará, a partir de 1653, informou que somente na primeira metade daquele século foram exterminados mais de dois milhões de índios e desapareceram acima de quinhentas grandes aldeias. Pesquisas eruditas de antropólogos, etnohistoriadores e arqueólogos, mencionados por M. Heckenberger, apresentam dados bem mais atuais que estimam, no entanto, entre dez e quatro milhões a população indígena amazônica ao ter início o trágico encontrô (ou desencontro) com os europeus, predominantemente na várzea.

---

[20] Esteves, 1994, p. 24.
[21] Leite, 1994, pp. 5-6.

Acuña nos transmite una impresión positiva de la población indígena, destacando su mansedumbre, apacibilidad y generosidad con los españoles, tanto que, aunque algunos fueran belicosos entre sí, nunca lo fueron con el español (núm. XXXVII). Son de apacible natural, bien agestados, de buenos entendimientos y raras habilidades (núm. XLIII), todo lo cual promete «grandes esperanzas de que si se les diese noticia del verdadero criador de cielos y tierra, con poca dificultad abrazarían su santa ley» (núm. XLIV).

Acuña, esforzándose en la veracidad informativa, se preocupa de dar cumplida cuenta de la multitud de tribus que habitan el Amazonas:

> Todo este Nuevo Mundo, llamémosle así, está habitado de bárbaros en distintas provincias y naciones, de las que puedo dar fe, nombrándolas con sus nombres y señalándolas sus sitios, unas de vista y otras por informaciones de los indios que en ellas habían estado.
> Pasan de ciento y cincuenta, todas de lenguas diferentes, tan dilatadas y pobladas de moradores como las que vimos por todo este camino, de que después diremos. (Núm. XXXVI).

Lo cumple a lo largo de su crónica, en que el lector irá encontrando una gran cantidad de nombres de los pobladores del Amazonas, tal como los escucha de sus informantes, su ubicación, o sus rasgos distintivos.

Asoma a menudo la perspectiva de lo maravilloso, coherente con la imagen del Nuevo Mundo a que venimos aludiendo.

En este sentido hay que destacar los comentarios sobre fabulosas tribus de indios gigantes, otros enanos, otros con los pies al revés, aunque, cautelosamente y por el prurito de veracidad, Acuña no dice haberlos visto, sino que recoge informaciones que le proporcionan:

> y por fin y remate de todos están los curiguerés, que según las informaciones de los que los habían visto y que se ofrecían a llevarnos a su tierra, son gigantes de diez y seis palmos de altura, muy valientes... (Núm. LXIII).

> a la banda del sur en tierra firme viven, entre otras, dos naciones: la una de enanos tan chicos como criaturas muy tiernas que se llaman guayacís; la otra es de una gente que todos ellos tienen los pies al revés, de suerte que quien no conociéndolos quisiese seguir sus huellas, caminaría siempre al contrario que ellos. Llámanse mutayus... (Núm. LXX).

Pero, indudablemente, son las míticas amazonas, esas «mujeres guerreras», «solas sin varones, con quienes no más de a ciertos tiempos tenían cohabitación» (núm. LXXI) las que más pueden sorprender al lector de hoy y también, al parecer, al propio Acuña, por el cuidado que pone en subrayar la veracidad de las fuentes, pues por fabulación podría tenerse la vida y costumbres de estas extrañas mujeres guerreras, de tan importante tradición literaria:

> Solo echo mano de lo que oí con mis oídos y con cuidado averigüé desde que pusimos los pies en este río, en que no hay generalmente cosa más común y que nadie la ignora, que decir habitan en él estas mujeres, dando señas tan particulares que conviviendo todos en unas mesmas, no es creíble se pudiese una mentira haber entablado en tantas lenguas y en tantas naciones, con tantas colores de verdad. (Núm. LXXI).

Acuña resume la vida y costumbres de estas varoniles mujeres de gran valentía, aunque no se atreve a identificarlas con las amazonas «afamadas de los historiadores», cosa que ya se ocupará de revelar el tiempo (núm. LXXII): sea como fuere la modelación del mito es evidente, y los detalles que se les atribuyen proceden principalmente de la tradición literaria, aunque se desarrollen estrategias de adaptación verosimilizadora en numerosos detalles.

Estas mujeres y las extrañas razas mencionadas constituyen, por así decirlo, la cresta de la ola de ese mundo nuevo de rarezas y maravillas, pero es el conjunto de «diferentes naciones y lenguas», de innumerables tribus, presentadas con la vocación de geografía humana y etnografía lo que da un especial valor y alcance a la crónica de Acuña y el valor testimonial de lo que fue la población de las tierras del Amazonas. Pero no se queda ahí nuestro jesuita, sino que aporta numerosos detalles de la vida y costumbres de estas gentes, en lo más inmediato de su cotidianeidad (comidas, bebidas, medicinas…) y en aspectos culturales tan importantes como sus contactos con el más allá, desde los ritos funerarios a las relaciones con los dioses.

Vida y costumbres

Viven los indios amazónicos en unas tierras de vegetación exuberante con árboles majestuosos, que producen el material indispensable para las canoas —uno de los medios principales de transporte en el gran río—, sobre cuya construcción comenta el cronista, ponderando la habilidad de los indios para la fabricación de sus embarcaciones:

> son cedros, ceibos, palo hierro, palo colorado y otros muchos reconocidos ya en aquellas partes y experimentados por los mejores del mundo para fabricar embarcaciones; las cuales en este río, mejor y con menos costo que en parte ninguna, se podrán acabadas y perfectas echar al agua, sin que se necesite de nuestra Europa sino solo hierro para la clavazón.
> Porque aquí, como digo, están las maderas a pedir de boca. Aquí la jarcia tan fuerte como la de cáñamo, de ciertas cortezas de árboles, de que se hacen amarras que solas ellas sustentan las naos en tormentas deshechas; aquí la pez y brea tan perfecta como la arábiga; aquí el aceite, así de árboles como de pescados, para darla punto y templar su dureza; aquí se saca estopa excelente, que llaman embira, que para calafetear las naos y juntamente para cuerda de arcabuz no se conoce otra mejor; aquí el algodón para el velambre es la semilla que mejor producen los campos; y aquí finalmente está la multitud de gente que después diremos, con que no falta nada para fabricar cuantos galeones se quisieren poner en astillero (Núm. XXXI).

Habida cuenta de la importancia del comercio para su subsistencia, precisa que todos los tratos de la región se hacen por el agua, como los mejicanos o los venecianos, para lo cual necesitan las canoas que a menudo fabrican de cedros que les vienen flotando por el río, sin necesidad de cortarlos (núm. XXXVIII).

Esta preocupación de Acuña por la vida diaria del trabajo y producción de los indios le lleva a ocuparse, con detallada descripción, de las herramientas que utilizan, sin que falten las referencias comparativas con Europa:

> Las herramientas de que usan para labrar, no solo sus canoas, sino sus casas y lo demás que han menester, son hachas y azuelas, no fraguadas por buenos oficiales en las herrerías de Vizcaya, sino forjadas en las fraguas de sus entendimientos, teniendo por maestra, como en otras cosas, a la necesidad. Esta les enseñó a cortar del casco más fuerte de la tortuga [...] una plancha [...] que curada al humo y sacándola el filo en una piedra, la fijan en su astil, y con ella como con una buena hacha [...] De este mismo metal hacen las azuelas, sirviéndoles de cabo para ellas una quijada de pejebuey [...] En algunas naciones son estas hachas de piedra [...] Sus escoplos,

gubias y cinceles para obras delicadas, que las hacen con gran primor, son dientes y colmillos de animales. (Núm. XXXIX).

No deja de referirnos Acuña las armas que empleaban en las guerras, con informaciones muy sugestivas sobre las azagayas, estólicas, arcos y flechas, rodelas defensivas, hierbas venenosas para las puntas de las saetas, etc.

La caza, pesca, frutas y diversas bebidas son la alimentación de los indios del Amazonas. Enumera nuestro autor la riqueza de frutas de tierra tan feraz: plátanos, piñas, guayabas, castañas, cocos, palmas, dátiles, batatas, yuca, criadillas de tierra…

Pone especial atención en describir los peces y formas de pesca, y también los animales de caza que sirven para el sustento diario. De nuevo encontramos peces raros, animales «exóticos», técnicas de pesca y caza distintas, todo coherente con la riqueza y maravilla del mundo nuevo. Así repara en el extraño pejebuey y las curiosas técnicas para pescarlo «siguiéndole en canoas pequeñas, le aguardan a que queriendo respirar, saque la cabeza y clavándole con sus arpones, que hacen de conchas, le quitan la vida» (núm. XXV), o en los procedimientos de captura y conservación de las tortugas gigantes (núm. XXVI) en balsas al lado de las casas, detalles que otros muchos cronistas recogen en sus textos. Todavía describe otras técnicas de pesca (cogiendo con las manos, usando una suerte de torvisco, con flechas…) y alude a otros extraños peces como el paraque, parecido a una anguila o congrio, que hace temblar todo el cuerpo al que lo toca «como si tuvieran un recio frío de cuartanas, cesando todo al mismo instante que de él se apartan»…

Como alimentarse solo de pescado podría producir cansancio y hastío, la naturaleza dio a estas tierras variedad de especies animales para la caza. Y, de nuevo, nos encontramos con lo extraño, sorprendente y desconocido para el Viejo Mundo, y todo, además, en abundancia, como corresponde a esa nueva tierra de promisión. Junto a perdices, patos, gallinas, venados, había, al decir de Acuña, pacas, cotias, iguanas, yagotis y «otros animales propios» de las Indias, como dantas y puercos montaraces o saínos. De la mayoría hace curiosas descripciones y comentarios, para lo cuales remitimos al texto, en cuyas notas se hallarán más detalles sobre estas especies.

Admira el poco trabajo necesario para conseguir estas capturas, como corresponde al mundo de riqueza y abundancia de las Indias Occidentales, evocador de la Edad Dorada de los mitos:

> Y lo que más admira es el poco trabajo que cuestan todas estas cosas, como se puede colegir de lo que cada día experimentábamos en nuestro real, de donde [...] se repartían unos por tierra, con perros, en busca de caza y otros por agua, con solos sus arcos y flechas, y en pocas horas víamos venir a estos cargados de pescado y a aquellos con caza suficiente para que todos quedásemos satisfechos. (Núm. XXVIII).

Claro que el límite de lo extraordinario estaría en el canibalismo, que Acuña procura reducir a datos objetivos, frente a las acusaciones arbitrarias que hacen algunos traficantes de esclavos portugueses, que justifican sus atropellos aduciendo un canibalismo inexistente entre ciertas naciones indígenas:

> No quiero con esto negar que hay en este río gente caribe, que en ocasiones no tiene horror de comer carne humana. Lo que quiero persuadir es no hay en todo él carnicerías públicas en que todo el año se pesa carne de indios, como publican los que a título de evitar semejante crueldad la usan ellos mayor, haciendo con sus rigores y amenazas esclavos a los que no lo son. (Núm. LII).

Maíz y mandioca son sustentos habituales, pero especial importancia tiene la yuca, con que hacen cazabe, «pan ordinario en todas aquellas costas del Brasil», que guardan para todo el año. Sirve también para fabricar bebidas alcohólicas, junto a otras, según describe Acuña, introduciéndonos en el mundo de las celebraciones y las fiestas:

> Este es, como ya dije, el cotidiano pan que siempre acompaña las demás viandas. Y no solo sirve de comida sino juntamente de bebida, a que son en general muy inclinados todos los naturales, para lo cual hacen unas grandes tortas delgadas que, cocidas en horno, se abizcochan de suerte que duran por muchos meses. Estas guardan en lo más alto de sus casas para tenerlas libres de las humedades de la tierra, y cuando las quieren aprovechar, echándolas en agua las deshacen, y cocidas al fuego, les dan el punto que han menester. Reposan este caldo, y frío es el ordinario vino de que ellos usan [...] Con este vino celebran sus fiestas, lloran sus muertos, reciben sus güéspedes, hacen sus sementeras y las cogen y, finalmente, no hay ocasión en que se junten que no sea este el azogue que los recoge y la liga que los detiene.
> Hacen también, aunque no es tan ordinario, otros géneros de vinos [...] de cualesquiera frutas silvestres... (Núm. XXIII).

No podían faltar en estas tierras de la abundancia y la maravilla plantas medicinales, tan nuevas y portentosas que se podría escribir un segundo Dioscórides y un tercer Plinio, y que suman componentes a esa imagen paradisíaca y edénica del Nuevo Mundo:

> En estos incultos bosques tienen los naturales librada para sus dolencias la mejor botica de simples que hay en lo descubierto, porque aquí se coge la más gruesa cañafístola que en parte alguna, la zarzaparrilla más perfecta, las gomas y resinas saludables más en abundancia [...] Aquí el aceite de andirova, que es un árbol, que no tiene precio para curar heridas; aquí al de copaiba, que también lo es, no iguala el mejor bálsamo; aquí se hallan mil géneros de hierbas y árboles de particularísimos efectos y hay aún por descubrir otras muchas que pudiera salir segundo Dioscórides y tercero Plinio y todos tuvieran bien que hacer en averiguar sus propiedades. (Núm. XXX).

No deja de ofrecer nuestro autor otros rasgos de la vida cotidiana de los indios amazónicos, como el que vivan en una casa cuatro o cinco familias, o más, frente a lo que sucedía en España, o de lo que debió de ser una realidad constante: la dificultad de comunicación por la diferencia de lenguas, aunque apunta a la extensión de una lengua general, común en algunas zonas de la costa.

Decíamos más arriba que el Nuevo Mundo era en el imaginario colectivo, y en el imaginario literario, tierra de riqueza e idolatría. No podía escapar a la observación perspicaz de nuestro jesuita el complejo mundo de dioses, ritos, creencias de las tierras amazónicas, en su mente, claro, desde una perspectiva misionera para la conversión, en lo que insiste, repetidamente, a lo largo de su obra. Freitas señala el valor etnográfico-etnológico de la descripción de los ritos religiosos que hace Acuña y apunta[22]:

> Los rituales fetichistas anotados por el Padre español ayudan a conocer el grado de evolución psíquica, el estadio social que atravesaban los pueblos del alto Perú y del alto Negro.

Acuña sintetiza el sentido y finalidad de sus ritos y la concepción de sus dioses:

---

[22] Freitas, 1942, p. 9.

Los ritos de toda esta gentilidad son casi en general unos mesmos: adoran ídolos que fabrican con sus manos, atribuyendo a unos el poder sobre las aguas, y así les ponen por divisa un pescado en la mano; a otros escogen por dueños de las sementeras, y a otros por valedores en sus batallas.

Dicen que estos dioses bajaron del cielo para acompañarlos y hacerlos bien: no usan de alguna ceremonia para adorarlos, mas antes les tienen olvidados en un rincón hasta el tiempo que los han menester, y así, cuando han de ir a la guerra, llevan en la proa de las canoas el ídolo en quien tienen puestas las esperanzas de la vitoria, y cuando salen a hacer sus pesquerías echan mano de aquel a quien tienen entregado el dominio de las aguas; pero ni en unos ni en otros fían tanto que no reconozcan puede haber otro mayor. (Núm. XL).

Respecto a la mentalidad religiosa es importante lo que escribe Acuña sobre la concepción por los indios del Dios de la religión católica como un dios más, con gran poder, que podría ayudarles en sus necesidades. Por ello les pide un cacique:

> que le dejásemos allí un dios de los nuestros, que como tan poderosos en todo le guardase a él y a sus vasallos en paz y con salud, y juntamente les pudiese acudir con el necesario mantenimiento de que necesitaban. (Núm. XL).

Pero a Acuña no se le escapa que la cruz puede ser considerada como un ídolo más, adorando el mismo madero y trae, a propósito, la actuación de los portugueses que utilizaban el «objeto» de la cruz para hacer esclavos como castigo si esta no se conservaba intacta (número XL). Desde el punto de vista del misionero y de la conversión, no deja de señalar el padre Acuña que todo esto supone, al fin, reconocer que «no eran sus dioses los más poderosos de la tierra, pues querían libremente le dejasen otro mayor a quien obedecer» (número XL). Aunque también podía ocurrir que un indio, no admitiendo el valor de los ídolos, se considerara dios, hijo del sol, y no admitiera al Dios católico, porque no podía verlo con sus ojos (número XLI).

El poder de los hechiceros como maestros, predicadores, consejeros, guías es fundamental en la concepción religiosa de estos pueblos:

> es para notar la grande estima en que todas tienen a sus hechiceros, no tanto por amor que les muestren, como por el recelo con que siempre viven de los daños que les pueden hacer.

> Tienen para que usen de sus supersticiones y hablen con el demonio, que les es muy ordinario, una casa que solo sirve de esto, donde con cierto género de veneración, como si fueran reliquias de santos, van recogiendo todos los güesos de los hechiceros que mueren, los cuales tienen colgados en el aire, en las mesmas hamacas en que ellos dormían en vida. Estos son sus maestros, sus predicadores, sus consejeros y sus guías... (Núm. XLII).

No nos informa Acuña de los rituales y ceremonias de la vida, lo que hubiera sido apasionante, pero alguna información da sobre ritos de la muerte:

> En el enterrar sus difuntos son varios entre sí, porque unos los tienen dentro de sus mesmas casas, teniendo siempre en todas las ocasiones presente la memoria de la muerte, que si con este fin lo hiciesen las tendrían sin duda más ajustadas. Otros en hogueras grandes no solo queman los cadáveres, sino juntamente con ellos cuanto poseyeron en vida. Y así los unos como los otros celebran sus exequias por muchos días con continuos llantos interrumpidos con grandes borracheras. (Núm. XLII).

Todas estas y muchas más las informaciones y curiosidades que recoge Acuña en su relato hallará el lector interesado a lo largo de sus páginas.

Nuestra pretensión en este comentario preliminar es únicamente ofrecer una visión general de la obra de Acuña, que se podrá completar con el aparato de notas que hemos puesto, en las que procuramos documentar o ilustrar algunos de los motivos principales que caracterizan esta importante relación del descubrimiento del mayor río del mundo, un universo fluvial y humano de fascinantes dimensiones.

NOTA TEXTUAL A ESTA EDICIÓN

El P. Acuña preparó un resumen del viaje, que entregó al Consejo de Indias, según cuenta Antonio de León Pinelo en su citado libro del *Paraíso en el Nuevo Mundo*[1], dando a la imprenta algo más tarde la versión más extensa y elaborada, que es la que ahora nos ocupa. Esta aparece en Madrid, Imprenta del Reino, 1641. Después fue traducida con cierta frecuencia, pero no vuelve a editarse en España hasta 1891 en Madrid, Juan Cayetano García, sobre el texto de la príncipe. Las ediciones posteriores añaden poco: mencionamos las de Barcelona, F. T. D, 1925; Buenos Aires, Emecé, 1942 (2ª ed. en 1946). Esteves añade la edición de Mendes de Almeida (1874) y otras divulgativas sin preocupaciones textuales, a las que habría que añadir algunas traducciones modernas al portugués (Río de Janeiro, Agir, 1994) y la bilingüe (español-portugués) de Montevideo, Oltaver, 1994. Antes de estas traducciones hubo varias al alemán, francés, inglés, portugués que testimonian el interés de la obra de Acuña ya desde el mismo siglo XVII. Al alemán: Viena, Paul Strauss, 1724; s.d. 1798. Al francés: París, Cardin Bessogne, 1655; París, Veuve Loüis Billaine, 1682; ídem, 1684; Amsterdam, Veuve de Paul Marret, 1716. Al inglés: Londres, S. Buckley, 1698; Londres, 1859. Al portugués: Río de Janeiro, 1865; Sao Paulo, Cia. Ed. Nacional, 1941[2]. Leite[3] añade otras versiones portuguesas: en la *Revista do Instituto Histórico e Geográfico Brasileiro*, 28, 1820, pp. 163-265 y Río de Janeiro, 1874. Por otra parte, en la Biblioteca Histórica de la Universidad Complutense hay varios ejemplares de otra al francés, París, Claude Barbin, 1682.

---

[1] Ver Jiménez de la Espada, 1889, p. 50.
[2] Ver Simón Díaz, 1972, pp. 427-428.
[3] Leite, 1994, p. 10.

Puede demostrar todo esto una importante acogida de la obra, auspiciada, probablemente, por la importancia del río Amazonas.

La más asequible (no demasiado) de las modernas es la edición de Buenos Aires, Emecé, 1942, con una breve noticia de cuatro páginas firmada por N. Freitas. La edición en sí, con razonable criterio modernizador, presenta sin embargo, muchos defectos, lagunas y deturpaciones que estropean el texto de Acuña: en la certificación del capitán Tejeira *un cabo que fui* (jefe) de la gente de guerra se convierte en *un cano que fue*; y las *disensiones* se facilitan como *discusiones; de suso* se transforma en *de junto* y *deservido* en *disconforme* (cláusula de la provisión real); *fue fuerz*a se moderniza en *fue imperioso* (núm. VII); *propincuo* se convierte en *próximo* (núm. X), etc. Se cambian detalles sintácticos, aparecen lagunas y faltas de texto, se sustituyen términos por otros considerados sinónimos, desaparecen formas características de la lengua del Siglo de Oro...

Nosotros volvemos al texto de 1641, que manejamos en el ejemplar de la Biblioteca Nacional de España. R/2615, aplicando las normas de edición del GRISO de la Universidad de Navarra.

No pretendemos hacer una edición crítica estricta —para la que sería interesante estudiar la versión breve y los textos recogidos por Manuel Rodríguez, además de comparar sistemáticamente la relación de Acuña con la atribuida a Rojas, sobre todo en los pasajes comunes— sino una edición fiable de uno de los relatos más importantes sobre el descubrimiento del Amazonas.

Permítasenos unas pocas observaciones sobre el tratamiento y disposición del texto: hemos subsanado sin advertirlo las erratas evidentes, y hemos introducido la fragmentación en párrafos, que no existe en el original, cuyos números o capítulos van a texto continuo. Creemos que la separación facilita la lectura y no traiciona ninguna característica de la composición o el estilo de Acuña.

Una dificultad particular presentaba el tratamiento de los nombres de territorios coincidentes con los de las tribus indígenas pobladoras de los mismos. Cuando un término se usa como nombre propio de una región o provincia hemos mantenido la mayúscula; cuando su uso parece referido (no siempre queda claro) al nombre de la tribu, etnia o grupo indígena lo ponemos en minúscula.

Respecto a la anotación hemos intentado ofrecer los datos suficientes para contextualizar y explicar las referencias de Acuña. Nuevas dificultades surgen con las variaciones de topónimos y etnónimos: los nombres de accidentes geográficos y de familias o grupos de indios eran oídos e interpretados por exploradores que no siempre conocían las lenguas de la zona y que recogían más o menos el sonido de esas denominaciones que a veces confundían nombres de caciques con nombres de tribus o territorios. Por ejemplo los indios tapajosos (de las riberas del río Tapajós o Tapajoz) aparecen en diversos textos como rapajosos, trapajosos, estrapajosos; el río Payamino también se lee (por variaciones o por erratas en los copistas y editores) como Payansino, Payansinos, Payaminos; para los irimaraes (que no cita Acuña, pero sí otros relatores y cronistas) hay al menos cinco variantes más: irimarais, irimais, irimarases, irrimorrany, irrimara... La acentuación es especialmente problemática: ¿caripunas o caripunás, cararis o cararís / cararíes, cachiguaras o cachiguarás?

La localización de algunos lugares o asentamientos de indios es confusa: algunos grupos de pobladores cambian de territorio; en algunos casos Acuña mismo no tiene del todo clara la identificación de un lugar...

En estas circunstancias habría que añadir que muchas notas (sobre todo referidas a las tribus) no sirven tanto para aclarar la lectura (en realidad las series de nombres quedan explicadas en el mismo texto por lo menos para las necesidades de un lector corriente) cuanto para ayudar a la fijación del texto y documentar formas que pueden ser útiles para irlas confrontando con otros relatos de estas exploraciones, con vistas a catálogos y repertorios más completos y depurados que los que podemos usar hoy.

BIBLIOGRAFÍA

Acosta, J., *Historia natural y moral de las Indias,* [Sevilla, Juan de León, 1590]; ed. F. del Pino, en prensa.
Aguilar y Córdoba, D., *El Marañón*, ed. J. Díez Torres, en prensa.
Alborg, J. L., *Historia de la Literatura Española*, I, Madrid, Gredos, 1972.
Alcedo, A. de, *Diccionario geográfico-histórico de las Indias occidentales o América*, Madrid, Imprenta de Benito Cano, 1786-1789, 5 vols.
Aut, Diccionario de Autoridades, ed. facsímil, Madrid, Gredos, 1979.
Bayle, C., «Descubridores jesuitas del Amazonas», *Revista de Indias*, 1, 1940, pp. 121-185.
Cabeza de Vaca, ver Núñez.
Carvajal, G. de, *Relación que escribió Fray Gaspar de Carvajal,* en *La Amazonia. Primeras expediciones*, ed. M. Cuesta, Madrid, Banco Santander de Negocios, 1993.
— *Relación que escribió Fray Gaspar de Carvajal,* en Carvajal, G., Almesto, P. y Rojas, A. de, *La aventura del Amazonas*, ed. R. Díaz, Madrid, Historia 16, 1986.
Cieza de León, P., *La crónica del Perú,* ed. M. Ballesteros, Madrid, Historia 16, 1984.
Cov., Covarrubias, S. de, *Tesoro de la lengua castellana o española*, ed. I. Arellano y R. Zafra, Madrid, Iberoamericana, 2006.
Cruz, L. de la, *Nuevo descubrimiento del río Marañón*, en *La Amazonia. Primeras expediciones*, ed. M. Cuesta, Madrid, Banco Santander de Negocios, 1993.
Cuesta, M., ed., *La Amazonia. Primeras expediciones*, Madrid, Banco Santander de Negocios, 1993.
Chantre y Herrera, J., *Historia de las misiones de la Compañía de Jesús en el Marañón español*, Madrid, Imprenta de A. Avrial, 1901.
Descubrimiento del río, Descubrimiento del río de las Amazonas y sus dilatadas provincias, [¿A. de Rojas? ¿anónimo?] en *La Amazonia. Primeras expediciones*, ed. M. Cuesta, Madrid, Banco Santander de Negocios, 1993.

DÍAZ MADERUELO, R., «Introducción», a Fray G. de Carvajal, P. Arias de Almesto, A. de Rojas, *La aventura del Amazonas*, Madrid, Dustin, 2002.
DÍEZ BORQUE, J. Mª, «Calderón de la Barca y las Indias Occidentales», en *Calderón de la Barca y la España del Barroco*, ed. J. Alcalá-Zamora, E. Beleguer, Madrid, CEPYC-SEENM, 2001, II, pp. 691-716.
DRAE, *Diccionario de la lengua española de la Real Academia Española*, Madrid, RAE, 1992.
DURÁN, Á., «Prólogo», Manuel Rodríguez, *El descubrimiento del Marañón*, Madrid, Alianza, 1990.
El Marañón, Aguilar y Córdoba, D., *El Marañón*, ed. J. Díez Torres, en prensa.
ESTEVES, A. R., «Introdução», P. Cristóbal de Acuña, *Novo descobrimento do rio Amazonas*, edição bilingüe, Montevideo, Embajada de España en Brasil, Oltaver, 1994.
— *A ocupação da Amazônia*, S. Paulo, Brasiliense, 1993.
FERNÁNDEZ DE OVIEDO, G., *Sumario de la natural historia de las Indias*, ed. M. Ballesteros, Madrid, Historia 16, 1986.
— *Sumario de la natural historia de las Indias*, ed. Á. Baraibar, en prensa.
FREITAS, N., «Noticia», en P. Cristóbal de Acuña, *Descubrimiento del Amazonas*, Buenos Aires, Emecé, 1942.
GIL MUNILLA, L., *Descubrimiento del Marañón*, Sevilla, Escuela de Estudios hispanoamericanos, 1954.
http://www.eldoradocolombia.com/ruta-acuna.html
http://www.lablaa.org/blaavirtual/geografia/codaz/codaz0.htm
HUMBOLDT, A., *Viaje a las regiones equinocciales del nuevo continente*. Web <http://www.lablaa.org/blaavirtual/geografia/viage5/viageqi1f.htm#(140)>
ISIDORO, San, *Etimologías*, ed. L. Cortés y Góngora y S. Montero Díaz, Madrid, BAC, 1951.
JIMÉNEZ DE LA ESPADA, M., *Viaje del capitán Pedro Tejeira aguas arriba del río de las Amazonas*, Madrid, Fortanet, 1889.
LEITE LINHARES, M. Y., «Prefacio», Cristóbal de Acuña, *Novo descobrimento do rio das Amazonas*, Rio de Janeiro, Agir, 1994.
LEÓN PINELO, A. de, *El Paraíso en el Nuevo Mundo*, ed. R. Porras Barrenechea, Lima, Comité del IV Centenario del descubrimiento del Amazonas, 1943.
LÓPEZ DE GÓMARA, F., *Historia general de la Indias*, ed. P. Guibelalde, Barcelona, Orbis, 1985.
LUCUCE, P. de, *Tratado 6º de la cosmografía*. Web <http://www.ub.es/geocrit/tc-l3c3.htm>
MAGNIN, J., *Breve descripción de la provincia de Quito, en la América meridional, y de sus misiones...*, en Bayle, 1940.
MARKHAM, R., «A List of the Tribes in the Valley of the Amazon, Including Those on the Banks of the Main Stream, and of All Its Tributaries», *Transactions of the Ethnological Society of London*, 3, 1865, pp. 140-196.

— «A List of the Tribes of the Valley of the Amazons, Including Those on the Banks of the Main Stream and of All the Tributaries», *The Journal of the Royal Anthropological Institute of Great Britain and Ireland*, 40, 1910, pp. 73-140.

Maroni, P., *Noticias auténticas del famoso río Marañón*, Iquitos, colección Monumenta Amazónica, IIAP-CET, 1988, pp. 332-335. Web <http://www.virtual.unal.edu.co/cursos/sedes/leticia/80011/lecciones/mod3/leccion3.html>.

Melo Leitão, C. de, *Descobrimento do rio das Amazonas*, São Paulo Companhia Editôra Nacional Brasiliana, 1941.

Núñez Cabeza de Vaca, A., *Naufragios y comentarios*, ed. R. Ferrando, Madrid, Historia 16, 1984.

Patiño, V. M., *Historia de la actividad agropecuaria en América equinoccial*. Web <http://www.lablaa.org/blaavirtual/humboldt/bio.htm>

Peralta, M. Á., «Misión de Lábrea, Brasil. Caucho, ríos y evangelios». Web <http://216.239.59.104/search?q=cache:taV6zNjUswwJ:www.agustinosrecoletos.org/docs/8491_20040829_03.doc%3FAGUSTISESSION%3D8f7445b79201bd7f384213b779f0096a+Cuchiguará&hl=es&ct=clnk&cd=1&client=safari>

Pereira de Berredo, B., *Annaes historicos do estado do Maranhão, em que se dá noticia do seu descobrimento, e tudo o mais que nelle tem succedido desde o anno em que foy descuberto até o de 1718*. Web <http://www.cchla.ufpb.br/pergaminho/1749_annaes_-_berredo.pdf>.

Pérez, M. T., *El descubrimiento del Amazonas. Historia y mito*, Sevilla, Alfar, 1989.

Porro, A. (ed.), *As crônicas do Rio Amazonas*, Petròpolis, Vozes, 1993.

Rivero, J., *Historia de las misiones de los llanos de Casanare y de los ríos Orinoco y Meta*. Web <http://www.lablaa.org/blaavirtual/historia/hismi/hismi29.htm>

Rodríguez, M., *El descubrimiento del Marañón*, ed. Á. Durán, Madrid, Alianza, 1990.

— *El Marañón y Amazonas. Historia de los descubrimientos, entradas y reducción de naciones...*, Madrid, Antonio González de Reyes, 1684.

Rojas, A. de, [atribuido] *Descubrimiento del río de las Amazonas y sus dilatadas provincias*, en *La Amazonia. Primeras expediciones*, ed. M. Cuesta, Madrid, Banco Santander de Negocios, 1993.

Rojas, A. de, ver Díaz Maderuelo.

Rubio González, L., *Castellanos y leoneses cronistas de Indias (Estudios y textos)*, Valladolid, Ámbito, 1988.

Simón Díaz, J., *Bibliografía de la Literatura Hispánica*, Madrid, CSIC, 1955.

— *Bibliografía de la Literatura Hispánica*, Madrid, CSIC, 1972, 2ª edición.

Todorov, T., *La conquista de América: el problema del otro*, México, Siglo XXI, 1987.

Ullán de la Rosa, F. J., *Los indios ticuna del Amazonas: procesos de cambio social y aculturación*. Tesis Doctoral, Universidad Complutense de Madrid. 2004.

VÁZQUEZ, F., *Relación verdadera de todo lo que ocurrió en la jornada de Omagua y Dorado*, en *La Amazonia. Primeras expediciones*, ed. M. Cuesta, Madrid, Banco Santander de Negocios, 1993.

VEGA, Garcilaso de la, *La Florida del Inca*, ed. S. L. Hilton, Madrid, Historia 16, 1986.

NUEVO DESCUBRIMIENTO DEL GRAN RÍO DE LAS
AMAZONAS. POR EL PADRE CRISTÓBAL DE ACUÑA,
RELIGIOSO DE LA COMPAÑÍA DE JESÚS Y CALIFICADOR
DE LA SUPREMA GENERAL INQUISICIÓN,
AL CUAL FUE Y SE HIZO POR ORDEN DE SU MAJESTAD,
EL AÑO DE 1639. POR LA PROVINCIA DE QUITO
LOS REINOS DEL PERÚ

AL EXCELENTÍSIMO SEÑOR CONDE DUQUE DE OLIVARES

Con licencia, en Madrid, en la Imprenta del Reino, año de 1641.

AL EXCELENTÍSIMO SEÑOR
CONDE DUQUE DE OLIVARES

¿A quién, señor, debemos acudir con este nuevo mundo descubierto sino al que en sus hombros, por aliviar los de su dueño, sustentara gustoso, si pudiera, todo lo restante de él? ¿Qué otro Atlante[1] no se rindiera a tamaña[2] carga, sino el que con esfuerzo más que varonil ha echado el pecho a mayores y desmedidos pesos? ¿Quién, por celoso

---

[1] *Atlante*: tópico que se aplica con frecuencia en el Siglo de Oro al valido. Como explica *Aut Atlante* es «Voz muy usada de los poetas y algunas veces en la prosa para expresar aquello que real o metafóricamente se dice sustentar un gran peso, como cuando para elogiar la sabiduría de un ministro o la valentía de un general, se dice que es un Atlante de la monarquía. Introdújose esta voz con alusión a la fábula de Atlante, rey de Mauritania, que los antiguos fingieron haber sustentado sobre sus hombros el cielo».

[2] *tamaña*: tan grande; en su sentido etimológico. Comp. *Quijote*, II, 35: «después de haber revuelto cien mil libros / desta mi ciencia endemoniada y torpe, / vengo a dar el remedio que conviene / a tamaño dolor, a mal tamaño».

que se ostente de los acrecentamientos de su rey, no se retirara, recelando nuevas dificultades, sino el que, cuanto mayores más las apetece para que más luzga[3] su amor, más su fidelidad? ¿Y quién, para decirlo de una vez, sino el excelentísimo señor Conde Duque, podrá patronizar tan grandiosa empresa, de que depende la conversión de infinitas almas, el acrecentamiento de la real corona, y la defensa y guarda de todos los tesoros del Perú?

En manos pues de vuestra excelencia ofrezco este nuevo descubrimiento del gran río de las Amazonas, a que por orden de su majestad fui, con cuidado averigüé, y con toda puntualidad recopilé en breves hojas, siendo digno de volúmenes enteros, para que añadida esta preciosa piedra a la corona de nuestro gran rey Filipo Cuarto, que Dios nos guarde, por tan sublime artífice[4], mejor asiente, más luzga y para siempre permanezca.

Bien puede vuestra excelencia aceptar el ofrecimiento, seguro de que es en todo grande y más de lo que sin duda parece, que a no ser así, ni yo le ofreciera, ni mereciera aceptación de tales manos. Porque si el dilatado imperio de Etiopia[5] se alza con tan glorioso renombre por ocupar su juridición espacio de novecientas leguas[6], si la gran China, por encerrar en dos mil de circuito quince diferentes reinos, espanta al mundo su grandeza, y si la longitud que del Perú se publica se reduce a términos de mil y quinientas leguas, que se miden desde el Nuevo Reino de Granada[7] hasta los últimos fines del de Chile, con cuánta más razón adquirirá sobre todo lo descubierto título de grande el río de las Amazonas, pues en espacio de casi cuatro mil leguas de contorno encierra más de ciento y cincuenta naciones de lenguas diferentes, suficiente cada una de ellas a hacer por sí sola un dilatado reino, y todos

---

[3] *luzga*: luzca, forma usual en el Siglo de Oro.

[4] *tan sublime artífice*: Dios, artífice sublime, añadirá a la corona del rey, como si fuera un orfebre, una piedra preciosa más (las tierras descubiertas).

[5] *Etiopia*: acentuación usual en la lengua clásica.

[6] *legua*: cada legua tiene aproximadamente cinco kilómetros.

[7] *Nuevo Reino de Granada*: la actual Colombia. Con capital en Santa Fe de Bogotá, fue una de las audiencias del virreinato peruano desde 1550 a 1718. Comp. *El Marañón*, lib. I, cap. 26, referido a Ursúa: «Sirvió a su majestad fielmente, sin que en el discurso de su vida hiciese cosa en contrario, en el Nuevo Reino de Granada, donde fue conquistador y poblador de la ciudad de Pamplona de aquel reino».

juntos un nuevo y poderoso imperio, que favorecido y amparado a la sombra de vuestra excelencia, podrá parecer grande en los ojos de su majestad, a cuyos pies y a los de vuestra excelencia ofrezco para esta conquista mi persona y las de otros muchos de mi religión[8], si de nosotros se quisiere servir vuestra excelencia, cuya vida prospere el cielo con los aumentos que su persona, celo y fidelidad merecen.

De vuestra excelencia criado,
Cristóbal de Acuña

---

[8] *religión*: en el sentido de 'orden religiosa', es decir, los jesuitas.

AL LECTOR

Nacieron, curioso lector, tan hermanadas en las cosas grandes la novedad y el descrédito, que no parecen sino gemelos de un parto y que, por el mesmo caso que en lo nuevo repara con cuidado la admiración, peligra el crédito en el asenso de los más acordados. Y aunque es verdad que la eficacia de la curiosidad natural nos inclina a saber novedades, la incertidumbre de su puntualidad[1] priva al entendimiento del mayor deleite, de que sin duda gozara si persuadido de lo cierto depusiera toda perplejidad en lo dudoso.

Deseando, pues, sacar a vista de todos el nuevo descubrimiento del gran río de las Amazonas, a que por orden de su majestad fui, como después verás, y temiéndome de que, aunque por lo nuevo sería apetecido, con todo no dejaría de padecer recelos en lo puntual[2], quise asegurarte lo uno y lo otro.

Lo primero con prometerte un nuevo mundo, naciones nuevas, reinos nuevos, ocupaciones nuevas, modo de vivir nuevo y, para decirlo en una palabra, un río de agua dulce navegado por más de mil y trecientas leguas, todo, desde su nacimiento hasta su fin, lleno de novedades.

Lo segundo con ponerte delante de los ojos las obligaciones de mi persona de religioso de la Compañía de Jesús, de sacerdote, de legado

---

[1] *puntualidad*: 'exactitud'; comp. *Quijote*, II, 60: «le tomó la noche entre unas espesas encinas o alcornoques; que en esto no guarda la puntualidad Cide Hamete que en otras cosas suele».

[2] Todo el pasaje viene a decir que la novedad excitaría la curiosidad de los lectores, pero que muchos podrían desconfiar de la veracidad del relato. El narrador quiere asegurar las dos cosas: que es un relato admirable por lo novedoso y digno de crédito por la veracidad de lo narrado.

de su majestad y otras que ni a ti te importa el saberlas ni a mí el decirlas.

Y si con todo esto te persuadieres a que la afición de lo que con algún cuidado trabajé me adelanta, oye a los que de afuera con testimonios jurados acreditan esta relación. Vale[3].

---

[3] *Vale*: fórmula de despedida en latín, habitual en los textos de la época. Todo este pasaje viene a decir: si crees, lector, que me dejo llevar de mi afición al tema y que exagero, oye a los testigos imparciales que acreditan lo que cuento con testimonios jurados. Ver los testimonios que siguen.

CERTIFICACIÓN DEL CAPITÁN MAYOR DE ESTE DESCUBRIMIENTO, PEDRO TEJEIRA

Pedro Tejeira, capitán mayor[1] al presente en esta capitanía del Gran Pará[2], y cabo[3] que fui de la gente de guerra que fue en el descubrimiento del río de las Amazonas, de ida y vuelta, hasta la ciudad de San Francisco del Quito[4], en los reinos del Perú, certifico y afirmo con juramento, por los Santos Evangelios, que es verdad que por orden de su majestad y por particular provisión despachada por la real audiencia de Quito, vino en mi compañía desde la dicha ciudad hasta la del Pará, el reverendo padre Cristóbal de Acuña, religioso de la Compañía de Jesús, con su compañero el reverendo padre Andrés de Artieda, en el cual viaje cumplieron entrambos así en lo tocante al servicio de su majestad, a que eran inviados, como buenos y fieles vasallos suyos,

---

[1] *capitán mayor*: Tejeira (1570-1641) fue capitán mayor del Gran Pará, luchó con los franceses en San Luis de Marañón, y encabezó la expedición amazónica que narra en esta crónica el P. Acuña.

[2] *Pará*: comp. *Descubrimiento del río*, p. 318: «llegaron después de muchos días de navegación los religiosos y soldados al Gran Pará, población de portugueses, y de allí pasaron a Marañón, cabeza del gobierno».

[3] *cabo*: jefe, general.

[4] *San Francisco del Quito*: fundada por Belalcázar, que le impuso el nombre en honor a los franciscanos; comp. *Descubrimiento del río*, p. 313: «La ciudad de San Francisco de Quito, en los reinos del Perú, no solo famosa por su sitio [...] sino también por cabeza de su provincia y asiento de la real audiencia, es hoy, por elección del cielo, de las más felices ciudades del mundo»; Manuel Rodríguez, *El Marañón y Amazonas*, p. 30: «Es aquella ciudad toda amenidad y continua primavera, por lo cual la nombran el siempre verde Quito; es el centro del reino del Perú y del Nuevo Reino de Granada».

notando y advirtiendo todo lo necesario para dar entera y cumplida noticia del dicho descubrimiento, a que se debe dar entero crédito, mejor que a otro ninguno de los que fueron en la dicha jornada; y en lo tocante a las obligaciones de su hábito y servicio de Dios, acudieron siempre como lo acostumbran los de su religión, predicando, confesando y dotrinando a todos los del ejército, componiéndoles en sus dudas, amistándoles en sus rencillas, animándoles en sus trabajos y pacificándoles en sus disensiones, como verdaderos padres de todos, pasando las mismas incomodidades y trabajos que cualquiera de los soldados particulares, así en la comida como en todo lo demás. Y no solo hicieron los dichos padres esta jornada a su costa, sin que su majestad les diese algún socorro para ella, sino que antes todo lo que ellos traían, así de sustento como de medicinas, era común de todos los necesitados, a quienes acudieron siempre con muy grande caridad y amor.

Y por ser verdad todo lo aquí contenido, di esta certificación, firmada de mi mano y sellada con el sello de mis armas, en esta ciudad del Pará, a tres de marzo de mil y seiscientos y cuarenta años.

El capitán mayor
Pedro Tejeira

CERTIFICACIÓN DEL REVERENDO PADRE COMISARIO DE LAS MERCEDES

Fray Pedro de la Rúa, religioso de Nuestra Señora de las Mercedes, comisario general[1] de mi orden en los estados de Marañón y Pará, certifico a todos los que la presente vieren como los reverendos padres Cristóbal de Acuña y Andrés de Artieda, su compañero, religiosos de la Compañía de Jesús, vinieron desde la provincia de Quito en compañía de la armada portuguesa que de vuelta del descubrimiento del río de las Amazonas bajó por él hasta la ciudad del Pará, costa del Brasil y gobierno del Marañón, acudiendo en todo el tiempo que duró el viaje como verdaderos hijos de su religión, confesando, predicando y consolando a todos los del ejército, y acudiéndoles en sus enfermedades y necesidades como verdaderos padres de todos, cumpliendo juntamente con lo que por parte de la real audiencia de Quito, en nombre de su majestad se les había encomendado en lo tocante a hacer averiguación de las cosas más principales del dicho río de las Amazonas, que hizo el dicho reverendo padre Cristóbal de Acuña con el cuidado que se verá por su relación, a que juzgo se debe dar entero crédito por ser persona desinteresada y que solo movido del servicio de Dios y del rey emprendió jornada tan trabajosa.

De todo lo cual puedo dar fe, como testigo de vista, que por todo el camino venimos juntos. Y por verdad di esta firmada de mi nombre y sellada con el sello de mi religión, en esta ciudad del Pará, a diez y nueve de marzo de mil y seiscientos y cuarenta años.

Comisario
Fray Pedro de Santa María y de la Rúa

---

[1] *comisario general*: en algunas órdenes religiosas alto cargo que sigue en importancia al general de la orden.

CLÁUSULA DE LA PROVISIÓN REAL QUE DIO LA AUDIENCIA DE QUITO, EN NOMBRE DE SU MAJESTAD, PARA ESTE DESCUBRIMIENTO

En conformidad de lo cual fue por los dichos mi presidente e oidores[1] acordado que debía mandar dar esta mi carta y provisión real para vos y cada uno de vos en la dicha razón, e yo lo he tenido por bien y os mando que siendo con ella requeridos por los dichos padres Cristóbal de Acuña y Andrés de Artieda, religiosos de la dicha religión de la Compañía de Jesús, o por cualquiera de ellos, veáis los autos suso[2] insertos y en su cumplimiento les daréis y haréis se les dé todo el avío breve[3], y buen pasaje que hubieren menester para el mejor cumplimiento de su misión y viaje, [por los] buenos efectos que de él espero han de resultar, sin que en ello les sea puesto estorbo ni impedimento alguno, por ninguna causa ni razón que sea, pues de lo contrario me tendré por deservido.

Y ruego y encargo a vos, el dicho padre Cristóbal de Acuña, que en cumplimiento de lo proveído[4] por los dichos mi presidente y oidores, y en conformidad del nombramiento en primer lugar en vos fecho[5] por

---

[1] *presidente, oidores*: ministros de las audiencias y chancillerías, jueces. Comp. *El Marañón*, lib. I, cap. 11: «Los oidores dieron por entonces la mejor orden que pudieron en pacificar aquel reino».

[2] *suso*: arriba, de *sursum*; es característica del lenguaje burocrático y jurídico el arcaísmo; hay otros arcaísmos en este documento.

[3] *avío breve*: entendemos que se les debe dar todo lo necesario (el avío) con brevedad; *breve* como adverbio.

[4] *proveído*: proveer es «dictar un juez o tribunal una resolución que a veces es sentencia definitiva» (*DRAE*).

[5] *fecho*: otro arcaísmo.

vuestro prelado, y de lo que por su petición tiene ofrecido, habiéndoos sido entregada esta mi carta por parte del dicho mi fiscal, veáis lo en ella contenido y lo guardéis, cumpláis y ejecutéis, y en su cumplimiento partáis de esta mi corte con el dicho vuestro compañero para la dicha provincia del Pará en compañía del capitán mayor Pedro de Tejeira y demás gente de milicia que con él va, teniendo, como habéis de tener, particular cuidado de describir con la mayor claridad que os fuere posible la distancia de leguas, provincias, poblaciones de indios, ríos y parajes particulares que hay desde la primera embarcación hasta la dicha ciudad y puerto del Pará, informándoos con la mayor certeza que pudiéreis de ello, para dar bastante noticia, como testigo de vista, en mi Real Consejo de las Indias[6], de todo; y que se tenga la necesaria de las dichas provincias, como os mando lo hagáis, pareciendo personalmente con esta mi carta, de parte de la dicha mi audiencia de Quito, ante los mi presidente e oidores del dicho mi Real Consejo; y siendo necesario informar de ello a mi real persona, lo haréis enviando relación de todo al acuerdo[7] de la dicha mi audiencia de Quito, y por vuestra falta[8], el dicho padre Andrés de Artieda, con el cuidado y puntualidad que de vuestras personas y celo con que los de vuestra religión acostumbran servirme, confío, y como en negocio tan importante al servicio de Dios Nuestro Señor y nuestro bien y conversión de tantas almas como se tiene noticia hay en las dichas provincias nuevamente descubiertas.

Que de lo así hacer y cumplir, me tendré de vos y de la dicha vuestra religión por bien servido. Dada en Quito a veinte y cuatro días del mes de enero de mil y seiscientos y treinta y nueve años.

        El licenciado don Alonso Pérez de Salazar
        Doctor don Antonio Rodríguez de San Isidro y Manrique
        El licenciado don Alonso de Mesa y Ayala
        El licenciado don Juan de Valdés y Llano
        El licenciado don Jerónimo Ortiz Zapata
        Secretario don Juan Cornejo

---

[6] *Consejo de las Indias*: uno de los varios que constituían la forma de gobierno de los Austrias, junto con los de Italia, Castilla, etc.

[7] *acuerdo*: reunión de los magistrados de la audiencia.

[8] *y por vuestra falta*: si vos faltaráis, entonces el padre Artieda cumpliría la misión.

RELACIÓN[1]

- NÚMERO I

Noticias de este gran río

Casi con las primeras vistas de aquella parte de la América que hoy tiene nombre de Perú, nacieron en nuestra España, aunque por confusas noticias, encendidos deseos del descubrimiento del gran río de las Amazonas, llamado por error común, entre los poco vistos en la geografía, río del Marañón[2], no solo por las muchas riquezas de que fue

---

[1] Puede verse la ruta descrita por Acuña con mapas de satélite que ofrece Google Earth en <http://www.eldoradocolombia.com/ruta-acuna.html>.

[2] *Amazonas, Marañón*: se confundían los ríos y los nombres; o se aplicaban varios nombres al mismo río. Aguilar en *El Marañón*, llama Marañón al Amazonas. Hoy en día, el término Amazonas se suele reservar al tramo a partir de la unión de los ríos Marañón, Ucayali y Napo en el estado peruano de Loreto, en torno a la ciudad de Iquitos. Laureano de la Cruz (comp. *Nuevo descubrimiento del río Marañón*, p. 257) identifica al Marañón con el Napo: «el gran río de Napo, llamado por otro nombre Marañón». Aguilar comenta (*El Marañón*, lib. I, cap. 7): «Este río es el nacimiento y verdadero principio del Marañón aunque otros con otras conjeturas aparentes y no ciertas le dan otro origen. El que pudo tener este nombre de Marañón he visto variar a muchos hombres antiguos, diciendo unos que por entrar en él tanta suma de ríos y dividirse por tantos brazos como marañando sus corrientes le pusieron este nombre Gonzalo Pizarro, que lo descubrió, y el capitán Orellana, que por él navegó hasta la mar del Norte. Otros quieren que un soldado deste nombre haya sido el primero que le vio y dio noticia dél. Sea lo uno o lo otro, él es conocido por este nombre y por el de Orellana y por río de las Amazonas, que todos tres nombres ha tenido en diversos tiempos y por diferentes causas». Acosta, *Historia natural y moral de las Indias,* Sevilla, Juan de León, 1590 (cito por el texto de

siempre sospechoso, ni por la multitud de gente que mantenían sus orillas, ni por la fertilidad de las tierras y temples apacibles de su habitación, sino principalmente por entender con no pequeños fundamentos que él era la única canal y como calle mayor, que corriendo por el riñón[3] del Perú, se sustentaba de todas las vertientes que al mar del norte tributan sus encumbradas cordilleras.

- NÚMERO II

Descubre Francisco de Orellana este río

Estos deseos solicitaron el corazón de Francisco de Orellana[4] a que el año de mil y quinientos y cuarenta, en cierta embarcación y con algunos compañeros, se fiase de las corrientes de este gran río, que desde entonces tomó también el nombre de Orellana[5], y pasando a

la ed. de Fermín del Pino, en prensa, aunque mantengo las referencias a la paginación de la príncipe), p. 94: «hablándose de ríos, con razón pone silencio a todos los demás aquel gran río que unos llaman de las Amazonas, otros Marañón, otros el río de Orellana: al cual hallaron y navegaron los nuestros españoles, y cierto estoy en duda si le llame río o si mar». Sobre los nombres y la identificación de los ríos habla también Manuel Rodríguez en el cap. V del lib. I de *El Marañón y Amazonas*: «por muchas leguas hacen un cuerpo de río los tres principales, que pueden y deben llamarse con distinción las Amazonas, Orellana y Marañón; pero mirándolos juntos desde que confederados sin competencia de quién tributa a quién corren sus caudales al mar, no es dudable que hacen un mesmo río y que a este desde sus juntas para abajo le competen los tres nombres de Marañón, Amazonas y Orellana» (p. 18).

[3] *riñón*: «interior o centro de un terreno» (*DRAE*). Comp. en el núm. LIII: «A las cien leguas, pocas más o menos, de las primeras poblaciones de estos aguas (que caen tres grados de la equinocial) y viene a ser en el riñón de esta dilatada provincia...».

[4] *Orellana*: era entonces capitán y teniente de gobernador de la ciudad de Santiago de Guayaquil. Los cronistas atribuyen diversas fundaciones a la ciudad (Belalcázar en 1534, Francisco Pizarro en 1533...). Orellana funda la conocida por Ciudad Vieja en 1538. Orellana descendió el Amazonas entre 1541 y 1542 al adelantarse aguas abajo del Napo a su jefe de expedición, Gonzalo Pizarro. Hizo un segundo viaje al Amazonas en 1545, entrando por la desembocadura con título de gobernador, proyecto que impidió su muerte. Además de Carvajal, *Relación que escribió Fray Gaspar de Carvajal*, el viaje de Orellana lo recogen cronistas como González de Oviedo, Cieza de León, López de Gómara, Ortiguera, Zárate, Garcilaso...

[5] *nombre de Orellana*: fue el primer nombre del gran río, luego llamado definitivamente Amazonas, a veces confundido con el Marañón, como ya se ha dicho.

España, por la relación que de sus grandezas dio, la cesárea majestad del emperador Carlos Quinto le mandó dar tres navíos con gente y todo lo necesario para que le volviese a poblar[6] en su real nombre, a que salió el año de cuarenta y nueve, si bien con tan adversa fortuna que, muriéndosele la mitad de los soldados en las Canarias y islas de Caboverde[7], con los demás que cada día se le iban disminuyendo, llegó a la boca de este gran río tan falto de gente que le fue fuerza[8] dejar dos navíos que hasta aquel punto había conservado, y no se sintiendo con fuerzas para más, en dos lanchas de buen porte que fabricó, con toda su gente prosiguió sus intentos entrando el río arriba, que a pocas leguas reconoció no habían de tener buen fin. Y así reduciéndose todos a una sola embarcación, se retiraron por la costa de Caracas, hasta dar en la Margarita[9], adonde acabaron todos, y con ellos las esperanzas de que su majestad entrase en posesión de lo que tanto se deseaba y en sí prometía.

- NÚMERO III

Entra por este río el tirano Lope de Aguirre

Volviéronse a avivar estas esperanzas veinte años después, que fue el de quinientos y sesenta, con la entrada que por orden del virrey del Perú hizo a este gran río el general Pedro de Orsúa[10], arrojándose con buen ejército a sus aguas para ser testigo de vista de las grandezas que solo por noticias se publicaban de él, pero con tal mal suceso que fue muerto a traición por el tirano Lope de Aguirre, el cual, levantándose[11]

---

[6] *poblar*: Orellana, después de complejos pleitos con Gonzalo Pizarro, quien lo acusaba de traidor, consiguió el encargo de volver a poblar las regiones que había explorado, pero murió sin conseguir su intento.

[7] *Canarias, Caboverde*: eran los puntos en que tocaban los navíos que se dirigían a las Indias.

[8] *fue fuerza*: fue forzoso, no tuvo más remedio.

[9] *Margarita*: isla de Venezuela situada en el mar Caribe al Noreste de Caracas. Era perlífera y de ahí su nombre, de *margarita* 'perla'.

[10] *Orsúa*: la desgraciada expedición de Pedro de Ursúa en la famosa jornada de Omagua y Eldorado la cuentan muchos cronistas, entre ellos Francisco Vázquez en *Relación verdadera de todo lo que ocurrió en la jornada de Omagua y Dorado*, y Aguilar y Córdoba en *El Marañón*.

[11] *levantándose*: apoderándose injustamente, usurpando estos puestos.

no solo por general, sino también por rey[12], y prosiguiendo el viaje comenzado, no permitió Dios que acertase a la principal boca por donde este gran río desagua en el océano (que desdecía de la fidelidad de españoles descubrir un tirano cosa de tanta importancia a nuestro rey y señor) sino que, dejándose llevar de brazos[13] de él, vino a desembocar por la costa enfrente de la isla de la Trinidad[14], en tierra firme de las Indias de Castilla, donde por orden de su majestad le quitaron la vida[15] y le sembraron las casas de sal, que hoy día se muestran en aquellas partes.

- NÚMERO IIII

Intentan otros este descubrimiento

Estos mismos deseos del descubrimiento de este río obligaron al sargento mayor[16] Vicente de los Reyes Villalobos, gobernador y capitán

---

[12] *por rey*: esto explica exactamente la calificación de tirano, usurpador, que se le aplica corrientemente a Lope de Aguirre, el traidor, el tirano, el peregrino, cuyas terribles aventuras se narran en los textos mencionados y en otras muchas obras hasta la época actual. Ver el prólogo de Julián Díez Torres a su edición de *El Marañón* (en prensa).

[13] *brazos*: brazos del río, desviaciones que no eran el verdadero cauce principal.

[14] *Trinidad*: isla del mar Caribe, la mayor del actual Estado Trinidad y Tobago y de las Antillas Menores.

[15] El cadáver de Aguirre, hecho cuartos, se colocó por los caminos alrededor de Barquisimeto y su cabeza fue llevada a la ciudad de Tocuyo, la mano derecha a Mérida y la izquierda a Valencia, en Venezuela. Ver *El Marañón*, de Aguilar y Córdoba, libr. III, cap. 15: «Habiendo caído muerto de la manera que queda referido, llegó un marañón de los suyos y bien prendado y culpado en esta tiranía, llamado Custodio Hernández, y cortole la cabeza y con ella en la mano salió a recibir al gobernador y capitán general, que con el resto del campo venían hacia el fuerte. Fue su cuerpo luego hecho cuartos y puesto alrededor de aquella ciudad de Barquisimeto; y su cabeza se llevó a la del Tocuyo y en una jaula de hierro se puso en el rollo. Llevose la mano derecha a la ciudad de Mérida y la izquierda a la de Valencia, como si fueran reliquias de algún santo; en que se le cumplió lo que él había deseado, y aún más de lo que pretendía, para que todos se acordasen dél y su maldita memoria no pereciese. Y pareciera más justo echallo a los perros, como bárbaro, apocado y civil, que había procurado fama en el mundo adquirida con tanta infamia e ignominia».

[16] *sargento mayor*: dice Cov. *s. v. sargento*: «Es nombre militar, vocablo francés, vale sirviente, pero está usurpado por un oficio en la milicia honrado y el de sargento mayor lo es mucho».

general de los Quijos[17], juridición de la provincia de Quito, para que se ofreciese con buenos partidos a principiarle por aquellas partes, en cuya conformidad despachó la católica persona de nuestro gran rey Filipo Cuarto, que hoy vive y viva felices años, en el de veinte y uno, una cédula a la real audiencia y chancillería de San Francisco del Quito, para que se capitulasen las condiciones que para el dicho descubrimiento fuesen convenientes, que por acabar en este ínterin el dicho gobernador su oficio, no tuvieron efeto, como ni tampoco le tuvieron los ardientes deseos de Alonso de Miranda, a quien él sucedió en el cargo, por atajárselos la muerte, que también atajó los lucidos empleos en que el general Josef de Villamayor Maldonado, gobernador mucho antes que los dos del mesmo gobierno de los Quijos, gastó lo mejor de su vida con ardiente celo de sujetar a Dios y al rey la multitud de naciones que confusas noticias publicaban de este río, poniendo en ejecución por muchas partes, con no pequeños logros, sus deseos.

- NÚMERO V

Intenta Benito Maciel este descubrimiento

Solicitaron estos mismos deseos no solo los ánimos de los castellanos por las partes del Perú, sino que estendiéndose a las costas del Brasil, habitación de portugueses, quisieron con el celo que siempre tienen de aumentar su corona, comenzando desde la boca de este río, buscarle su origen y desentrañarle sus grandezas, a que se ofreció Benito Maciel Pariente[18], capitán mayor que entonces había sido del Pará, y al presente gobernador del Marañón, en cuya conformidad se le despachó, el año de veinte y seis, una real cédula para que llevase hasta el fin sus

---

[17] *Quijos*: territorio poblado por los indios del mismo nombre, entre la cordillera oriental ecuatoriana y los ríos Napo y Coca. Comp. *Nuevo descubrimiento del río Marañón*, p. 256: «se partieron por la provincia de los Quijos, que está en la falda de las cordilleras».

[18] *Benito Maciel*: Bento Maciel Parente (Caminha, Portugal, 1567-Recife, Brasil, 1642), fue gobernador de Marañón de 1635 a 1642. Recibió en 1616 autorización desde las bases portuguesas en el Atlántico, para las exploraciones, pero, como dice Acuña, la necesidad de defender Pernambuco de los holandeses impidió el viaje. Ver Cuesta, 1993, p. 58.

intentos, los cuales cesaron por querer su majestad servirse de su persona en la guerra de Pernambuco[19].

- NÚMERO VI

Mándasele a Francisco Coello que haga esta entrada

No parece que se quietaba[20] el corazón de nuestro gran rey hasta ver ejecutada cosa que tanto se deseaba y ella de sí prometía. Y aunque se desbarataban todos los caminos y trazas que a este fin ordenaba la humana prudencia, no por esto dejaba de insistir en el intento principal, a cuya causa despachó por los años de treinta y tres o treinta y cuatro una su real cédula a Francisco Coello de Caravallo[21], que a la sazón estaba por gobernador del Marañón y Pará, con expreso mandato de que luego[22] se hiciese el dicho descubrimiento, y que no habiendo a quién inviar, fuese él en persona a ponerlo en ejecución: tanto como esto deseaba su majestad que se efetuase cosa que por todas partes se intentaba y por ninguna llegaba a debida ejecución.

Pero tampoco la tuvo en esta ocasión, por no se juzgar el gobernador con fuerzas suficientes para poder dividirlas en tiempos que el holandés infestaba cada día sus costas y apenas tenía gente para poderle resistir la entrada.

Pero no hay que espantar de que humanas trazas se desbaratasen cuando las divinas tenían ya dispuesto el modo casi milagroso con que se había de hacer este grandioso descubrimiento, que fue como aquí diré.

---

[19] *Pernambuco*: actualmente es un estado brasileño localizado en el centro este de la región Nordeste; su capital lleva el mismo nombre.

[20] *quietaba*: sosegaba, tranquilizaba, descansaba.

[21] *Francisco Coello*: como en el caso de Benito Maciel, los ataques holandeses impidieron la exploración de Coello de Carvallo, proyectada en 1633. Ver Cuesta, 1993, p. 58.

[22] *luego*: en el sentido clásico de inmediatamente.

• NÚMERO VII

Navegan este río dos religiosos legos de San Francisco

Está la ciudad de San Francisco del Quito, que es una de las más famosas de toda la América, edificada sobre montes, en la más alta cordillera que corre por todo aquel nuevo orbe, aún no medio grado a la banda del sur de la línea equinocial[23], cabeza de una provincia la más fértil, más abundante, más regalada[24] y de mejores temples[25] que otra ninguna del Perú, y que en multitud de naturales[26], policía[27], buena enseñanza y cristiandad de ellos, a todas se aventaja.

De esta ciudad, pues, por los años de treinta y cinco, treinta y seis y principio del de treinta y siete, salieron ciertos religiosos de San Fran-

---

[23] *línea equinocial*: «Línea equinocial, la que corta la esfera en dos partes iguales, y es media entre los dos polos, y los que viven debajo della tienen siempre iguales los días con las noches» (Cov.). Com. Acosta, *Historia natural y moral*, p. 38: «La otra Etiopia, interior, no la supieron en su tiempo, ni tuvieron noticia de aquella inmensa tierra que cae donde son agora las tierras del Preste Juan; y mucho menos toda la demás tierra que cae debajo de la equinocial y va corriendo hasta pasar el Trópico de Capricornio, y para en el Cabo de Buena Esperanza, tan conocido y famoso por la navegación de los portugueses»; *El Marañón*, lib. I, cap. 1: «quisieron descubrir la línea equinoccial y aquellos climas ocultos que los antiguos cosmógrafos pensaron ser inhabitables; y entregando sus esperanzas y navíos al incógnito mar del Sur, navegaron en demanda del polo Antártico, y pasando los límites del trópico de Capricornio, costearon los riquísimos reinos del Pirú hasta ponerse en más de cincuenta grados por la banda del sur».

[24] *regalada*: rica, abundante, deleitosa.

[25] *mejores temples*: mejores climas. Se reitera mucho en la crónica. Ver el núm. XXIX: «Clima y temple del río».

[26] *naturales*: indios, es decir, los naturales de esas regiones. Comp. *El Marañón*, lib. I, cap. 6: «Contaban la fertilidad desta provincia, la muchedumbre de sus naturales, el valor inestimable de sus riquezas».

[27] *policía*: educación, buenas formas y costumbres, limpieza y delicadeza; comp. *Quijote*, II, 44: «se soltaron, no suspiros, ni otra cosa que desacreditasen la limpieza de su policía»; Cov. *s. v. Cantabria*: «De los vizcaínos se cuenta ser gente feroz y que no viven contentos si no es teniendo guerra; y sería en aquel tiempo cuando vivían sin policía ni dotrina»; Acosta, *Historia natural y moral*, p. 414: «en buen orden y policía hicieron estos dos reinos gran ventaja a todos los demás señoríos de indios que se han descubierto en aquel Nuevo Mundo».

cisco[28] por orden de sus superiores, en compañía del capitán Juan de Palacios y otros soldados, para proseguir, estos en lo temporal y aquellos en lo espiritual, con el descubrimiento de este río, que ya más había[29] de treinta años principiaron los padres de la Compañía de Jesús por los Cofanes[30], donde los naturales mataron cruelmente al padre Rafael Ferrer[31] en pago de la dotrina que les enseñaba. Llegando, pues, los dichos religiosos de San Francisco a la provincia de los encabellados[32], numerosa mucho en gente pero bien estrecha para el encendido celo con que estos siervos de Dios, como siempre acostumbran, la pretendían reducir al gremio[33] de la Iglesia, asistieron entre los naturales algunos meses, y viendo el tiempo que perdían y que la mies aún no la tenía Dios sazonada[34], se volvieron unos a su convento de Quito, que-

[28] *ciertos religiosos de San Francisco*: el año de 1633 salieron de Quito para dar principio a su descubrimiento los franciscanos fray Francisco Anguita, fray Lorenzo Casarrubias, sacerdotes, y los hermanos fray Domingo Brieva, fray Pedro de Moya y fray Pedro Pecador, legos. En sucesivos intentos se añadieron otros misioneros. Ver *Nuevo descubrimiento del río Marañón*, del P. Laureano de la Cruz.

[29] *más había de*: hacía más de treinta años. Nótese como Acuña, jesuita, subraya la precedencia de la Compañía frente a estas expediciones franciscanas posteriores.

[30] *Cofanes*: comp. *Nuevo descubrimiento del río Marañón*, p. 256: «se partieron [...] para la provincia de los cofanes, que está 40 leguas de Écija, caminando por la falda de la cordillera hasta la banda del sur»; Chantre, 1901: «era bien sabida la de los indios cofanes, distante setenta leguas de Quito».

[31] *Ferrer*: para un relato de la muerte del P. Ferrer, arrojado al río por los indios cofanes, ver Chantre, 1901, lib. I, cap. 9.

[32] *encabellados*: una de las tribus o provincias de indios amazónicos; comp. *Nuevo descubrimiento del río Marañón*, p. 259: «una provincia de indios infieles llamados icajnates, que por traer el cabello largo les pusieron nombre de encabellados». Daremos algunos noticias o documentación sucinta de las principales tribus mencionadas, pero no parece necesario extendernos en detalles sobre estos grupos indígenas que aparecen en las fuentes con nombres variables y algunas confusiones.

[33] *gremio*: «el gremio de la Iglesia llamamos la congregación de los fieles, la comunión de los Santos, porque los ampara y abriga a todos» (Cov.). Comp. *Quijote*, I, 41: «el renegado, hecha su información de cuanto le convenía, se fue a la ciudad de Granada a reducirse por medio de la Santa Inquisición al gremio santísimo de la Iglesia».

[34] *mies... sazonada*: la mies se refiere al pueblo del Señor. Cristo es el Señor de la mies. Los misioneros cultivan y recogen o las mieses del Señor (instruyen en la doctrina salvadora a las gentes, ejercitan la labor apostólica). Comp. Mateo, 9, 38: «pedid al Señor de las mieses que envíe obreros a su mies». Es una metáfora evan-

dando los otros en compañía de los pocos soldados que allí quisieron asistir al lado de su capitán, que a pocos días vieron por sus ojos muerto a manos de aquellos a quienes iban a hacer tanto bien, con que les fue fuerza desamparar la tierra, y enderezando su viaje a Quito todos los demás, dos religiosos legos llamados fray Domingo de Brieva y fray Andrés de Toledo[35], con seis soldados en una embarcación pequeña, se dejaron llevar de la corriente río abajo, no con otro intento, a lo que se puede imaginar, que llevados del divino impulso, que en tan flacos instrumentos tenía librado el primer descubrimiento de este río.

- NÚMERO VIII

Llegan los dos religiosos al Marañón

Favoreció Dios los intentos de estos dos religiosos, y después de muchos días de navegación, en que experimentaron bien su providencia, llegaron a la ciudad del Pará[36], población de portugueses que está situada cuarenta leguas de donde este río desemboca en el océano, juridición del gobierno del Marañón, habiendo pasado sin lesión alguna por inmensas provincias de bárbaros, y muchas de ellas caribes[37] que comen carne humana, recibiendo de ellos el necesario mantenimiento para llevar al fin lo comenzado.

---

gélica constantemente usada por los narradores misioneros, que siempre se refieren a la mies y a los operarios.

[35] *fray Domingo de Brieva, fray Andrés de Toledo*: comp. *Descubrimiento del río*, p. 318: «Algunos de los religiosos y parte de los soldados se volvieron a Quito; otros seis soldados con dos religiosos legos llamados fray Andrés de Toledo y fray Domingo de Brieva, en una canoa, se dejaron llevar de la corriente río abajo, no con otro intento, a lo que pienso, más que llevados del divino impulso y obligados de la falta de mantenimiento».

[36] *llegaron a la ciudad del Pará*: comp. *Descubrimiento del río*, p. 318: «Llegaron después de muchos días de navegación los religiosos y soldados al Gran Pará, población de portugueses, y de allí pasaron al Marañón, cabeza de gobierno».

[37] *caribes*: en el sentido usual en la lengua clásica de caníbales; comp. *Descubrimiento del río*, p. 331: «Muchas de estas naciones o las más son caribes, muy aficionadas a carne humana». Caribe es «el hombre sangriento y cruel, que se enfurece contra otros, sin tener lástima, ni compasión. Es tomada la metáfora de unos indios de la Provincia de Caribana en las Indias donde todos se alimentaban de carne humana» (*Aut*).

Pasaron luego a la ciudad de San Luis del Marañón, donde el gobernador asistía[38], que entonces era Jácome Reimundo de Noroña, electo, a mi ver, más por providencia divina que por la voz del pueblo, pues ninguno otro rompiera con tantas dificultades ni se opusiera a tan contrarios pareceres que no tuviera el celo y obligaciones que a él le corrían de servir desinteresadamente en este descubrimiento a su Dios y a su rey. A este, pues, dieron los dos religiosos noticia de su viaje, que fue como de personas que venían cada día huyendo de las manos de la muerte, y lo que más pudieron aclarar fue decir que venían del Perú, que habían visto muchos indios y que se atreverían a volver por donde habían bajado, habiendo quien quisiese seguir esta derrota[39].

• NÚMERO IX

Es nombrado para la conquista Pedro Tejeira

Confuso quedaba en este estado nuestro descubrimiento, y mal podía su majestad tomar resolución de lo que convenía a su real servicio si el gobernador, como ya dije, no tomara a pechos el aclarar estas sombras y, contra el parecer de todos, inviara[40] gente por el río arriba hasta la ciudad de Quito, que con más atención y menos recelos notasen todo lo que hallasen en él digno de advertencia[41].

Para esta empresa nombró por cabeza y caudillo de todos a Pedro Tejeira, capitán por su majestad de los descubrimientos, persona a quien el cielo sin duda tenía escogida para esta ocasión, pues sola su prudencia y sus obligaciones pudieran acabar lo que él trabajó y hizo

---

[38] *asistía*: residía; comp. *Descubrimiento del río*, p. 320: «hay una ciudad llamada Luis de Marañón en una isla que está a la boca del río Marañón, que desagua en el mar. [...] Esta ciudad es metrópoli de todas las poblaciones que tiene el portugués en estas partes, en donde asiste el gobernador».

[39] *derrota*: «El viaje que hacen los navíos por la mar» (Cov.); comp. *El Marañón*, lib. I, cap. 23: « un soldado que venía allí de los que bajaron por este río con el capitán Orellana también desconocía la derrota que el armada llevaba».

[40] En el original por errata «contra el parecer de todos, imbiar gente», que hace sintaxis anacolútica. Entiéndase: mal podía su majestad tomar resolución si el gobernador no tomara a pechos aclarar esta sombra y [no] enviara gente...

[41] Tomasen nota de todo lo que hallasen digno de anotar en el río y su exploración.

en servicio de su rey en esta jornada[42], no solo con gastos y pérdidas de su hacienda, sino también con mucho dispendio de su salud; si bien nada de esto es cosa nueva en quien por tantos años que ha que sirve a su majestad nunca ha granjeado[43] otros intereses que dar honrada cuenta de todo lo que se le ha encargado, que ha sido mucho y en ocasiones de no poca importancia.

- NÚMERO X

Comienza su viaje Pedro Tejeira

Salió pues este buen caudillo de los confines del Pará a los veinte y ocho de otubre de mil y seiscientos y treinta y siete años, con cuarenta y siete canoas de buen porte (embarcaciones de que adelante se dirá) y en ellas setenta soldados portugueses, mil y ducientos indios de boga y guerra, que con las mujeres y muchachos de servicio pasarían todas de dos mil personas.

Duró el viaje cerca de un año, así por la fuerza de las corrientes, como también por el tiempo que en hacer mantenimientos para tan numeroso ejército era fuerza se gastase, y principalmente por caminar sin guías ciertas que les pudiesen enderezar sin rodeos ni dilaciones por los rumbos más breves, por los cuales debieran seguir su camino. Por ser este tan cumplido y por las incomodidades que en él se pasaban, comenzaron los indios amigos a mostrar poco gusto de proseguirle, y de hecho algunos se volvieron a sus tierras. Receloso el capitán mayor de que no hiciesen los demás lo mesmo y le dejasen imposibilitado de proseguir su viaje, usó de industria[44], ya que rigor ni fuerza bastaba a conservar los que estaban titubeando, y aunque se hallaba a la mitad del

---

[42] *jornada*: camino, viaje, expedición militar; comp. *Quijote*, II, 4: «y determinó de hacer de allí a tres o cuatro días otra salida; y, declarando su intento al bachiller, le pidió consejo por qué parte comenzaría su jornada»; *El Marañón*, lib. I, cap. 23: «habían venido con Pedro de Orsúa a esta jornada». O el título de la relación de Francisco Vázquez *Relación verdadera de todo lo que ocurrió en la jornada de Omagua y Dorado*.

[43] *granjeado*: «Granjear, negociar con diligencia alguna cosa de provecho y adelantamiento» (Cov.).

[44] *industria*: «Es la maña, diligencia y solercia con que alguno hace cualquier cosa con menos trabajo que otro. Hacer una cosa de industria, hacerla a sabiendas

camino, fingió estar muy propincuo[45] al término, y aprestando ocho canoas bien guarnecidas de bogas y soldados, las mandó ir delante como por aposentadoras[46] de lo restante del ejército, y a la verdad no eran sino descubridoras del mejor camino en que, mil veces dudosos de lo cierto, alucinaban[47].

- NÚMERO XI

Adelántase el coronel Benito Rodríguez

Nombró Pedro Tejeira por cabo[48] de esta cuadrilla al coronel Benito Rodríguez de Olivera, hijo del Brasil y persona que, como criada toda su vida entre los naturales, les tiene calados los pensamientos y con pequeñas muestras adivina lo que tienen en el corazón, con que es conocido, temido y respetado de todos los indios de aquellas conquistas, y en el presente descubrimiento importó no poco su persona para llevarle al fin con la felicidad que se hizo.

Llegó, pues, el coronel con su escuadra, después de vencidas muchas dificultades, al puerto de Payamino[49], día de San Juan a los veinte y cuatro de junio de mil y seiscientos y treinta y ocho, que es la primera habitación de castellanos que por aquellas partes, sujeta a la provincia de los Quijos, juridición de Quito, se avecinda a las orillas de este gran

---

y adrede, para que de allí suceda cosa que para otro sea a caso y para él de propósito; puede ser en buena y en mala parte. Industrioso, el que tiene maña para lo que quiere hacer con prontitud y liberalidad (Cov.).

[45] *propincuo*: cercano.

[46] *aposentadoras*: «los que tienen oficio de aposentar llamamos aposentadores, y aposentador mayor al que es sobre todos. Hay aposentadores de corte y aposentadores de camino y aposentadores del ejército, que en el real reparten los sitios» (Cov.).

[47] *alucinaban*: alucinar «Es verbo latino, y algunos, demasiado de bachilleres, le han introducido en la lengua castellana. Es como adivinar una cosa que ni se sabe ni se entiende bien, al modo del que entre las dos luces, o de la tarde o de la mañana, viendo una cosa le parece otra de la que es» (Cov.).

[48] *cabo*: jefe.

[49] *Payamino*: comp. *Nuevo descubrimiento del río Marañón*, p. 271: «por otro río más hondable, que se llama Payamino»; p. 278: «el río de Payamino, que está muy cerca de la junta de la Coca».

río, si bien por el de Napo[50] (de que después se hará mención) hubiera tenido toda la armada mejores puertos, más bastimientos[51] y menos pérdidas, no solo de indios, sino también de haciendas.

- NÚMERO XII

Deja el capitán el ejército en los Encabellados

Siempre iba siguiendo el capitán mayor los rastros y avisos que su coronel le dejaba en las dormidas[52], con que alentados de nuevo, cada día pensaban sería el siguiente el postrero de la jornada.

Sustentados con estas esperanzas, llegaron a un río que sale de la provincia de los encabellados, de que ya dijimos arriba, poblado todo de naturales, de paz en tiempos pasados pero ya rebeldes por la muerte del capitán Palacios. Pareció este sitio apacible[53] para dejar allí situada toda la fuerza del ejército, y nombrando por capitán y cabo de todos a Pedro de Acosta Favela, que con la compañía que llevaba a su cargo hiciese allí pie fijo hasta tener nuevo orden, quedó también con la suya el capitán Pedro Bayón, personas ambas que bien mostraron en esta ocasión el valor con que tantos años habían ejercitado la milicia y la

---

[50] *Napo*: proveniente del actual Ecuador, al norte. Desagua en el Amazonas por la margen izquierda. A veces se le llama el río de la Canela. Comp. *Nuevo descubrimiento del río Marañón*, p. 250: «el grande río de Napo, que es el mayor de todos los que por aquellas parte se han descubierto»; *El Marañón*, lib. I, cap. 8: «yendo sobre la mano derecha, prosiguiendo las corrientes del Marañón en poco espacio se llega a la junta de otro caudaloso río que comúnmente llaman de la Canela, por el cual navegó Gonzalo Pizarro y el capitán Orellana, a cuya causa lo llaman de su nombre algunos como queda dicho. Nace este río a las espaldas de la provincia de Quito y entra por la de los quijos».

[51] *bastimentos*: abastecimientos, provisiones; comp. *Quijote*, I, 41: «Sacamos de la barca los bastimentos que tenía, tirámosla en tierra, y subímonos un grandísimo trecho en la montaña»; *El Marañón*, lib. I, cap. 15: «le pareció que siendo la gente mucha y el pueblo pequeño y falto de bastimentos, no se podrían sustentar sin mucho trabajo».

[52] *dormidas*: lugares donde pasan la noche.

[53] *apacible*: adecuado. Comp. *Quijote*, I, 25: «Había por allí muchos árboles silvestres y algunas plantas y flores que hacían el lugar apacible. Este sitio escogió el Caballero de la Triste Figura para hacer su penitencia».

fidelidad con que obedecían los órdenes de sus mayores[54], pues a pie quedo esperaron once meses, sin jamás intentar otra cosa, con ser la tierra enferma[55], los mantenimientos ningunos, sino los que se buscaban debajo de las armas, y esos tan cortos que apenas parece podían ser suficientes a sustentar la vida.

Pero bien satisfecho estaba el capitán mayor de los que dejaba en semejantes riesgos, que sola la muerte les podría apartar del cumplimiento de sus órdenes.

- NÚMERO XIII

Llega el capitán mayor a Quito

Con esta confianza y pocos compañeros, prosiguió Pedro Tejeira en seguimiento de su coronel, que ya halló estaba días había en la ciudad de Quito, donde fueron bien recebidos y agasajados, así de lo secular como de lo eclesiástico, mostrando todos el gozo que tenían de ver en sus tiempos y por vasallos de su majestad, no solo descubierto, sino también navegado desde su fin hasta sus primeros principios, el afamado río de las Amazonas.

No tuvieron la menor parte en estos regocijos todas las religiones[56] de aquella ciudad, que son muchas y muy autorizadas, ofreciéndose cada una de por sí con obreros fieles[57] que desde luego entrasen trabajando en la grande e inculta viña de inmensos bárbaros de que por los nuevos descubridores se les daba noticia.

- NÚMERO XIIII

Resolución del virrey del Perú

Recebida en aquella real audiencia de Quito la noticia que bastaba para hacer pleno concepto de lo mucho que a ambas majestades, divina y humana, importaba el acudir luego al buen despacho de negocio tan

---

[54] *mayores*: superiores, jefes.
[55] *enferma*: insaluble, que provoca enfermedades.
[56] *religiones*: órdenes religiosas.
[57] *obreros*: alude a la parábola de los obreros de la viña (Mateo, 20, 1 ss.).

grave, no se atrevieron los señores presidente y oidores de ella a resolver nada sin primero dar aviso de todo al virrey del Perú, que a la sazón era el Conde de Chinchón[58], el cual, después de consultado el caso con la gente más práctica de la ciudad de Lima, corte de aquel nuevo mundo, resolvió por carta suya para el presidente de Quito (que lo era el licenciado don Alonso Pérez de Salazar[59]), su fecha a los diez de noviembre de seiscientos y treinta y ocho, que el capitán mayor Pedro Tejeira, con toda su gente se volviese luego por el mesmo camino que había venido, a la ciudad del Pará, dándoles todo lo necesario para el viaje, por la falta que tan buenos capitanes y soldados sin duda harían en aquellas fronteras que tan infestadas son de ordinario del enemigo holandés, mandando juntamente que, si fuese posible, se dispusiesen las cosas de suerte que fuesen en su compañía dos personas tales a quienes se pudiese dar fe por la corona de Castilla de todo lo descubierto y de lo demás que a la vuelta de viaje se fuese descubriendo.

- NÚMERO XV

El general don Juan de Acuña se ofrece a la jornada

En confusión puso a todos la ejecución de este último orden del virrey, por los muchos inconvenientes que mirado a prima faz[60] representaba, si bien no faltaron seculares celosos del servicio de su majestad que, atropellándolo todo, deseaba ser cada cual uno de los que se nombrasen para tamaña empresa.

Pero el que entre todos se mostró más fervoroso de nuevas ocasiones en que proseguir en servicio de su rey lo que ya por más de treinta años

---

[58] *Conde de Chinchón*: Luis Jerónimo Fernández de Cabrera y Bobadilla, cuarto conde de Chinchón; virrey del Perú desde 1629 hasta 1639.

[59] *Alonso Pérez de Salazar*. Laureano de la Cruz en *Nuevo descubrimiento del río Marañón*, p. 175 apunta algunas sospechas sobre el comportamiento de este personaje y comenta el posible papel del P. Acuña, autor de nuestra relación: «Supe también como el licenciado Pérez de Salazar, presidente de aquella audiencia, pretendía la conquista de nuestro descubrimiento para un hijo suyo, en compañía del general don Juan de Acuña, corregidor de Quito, para lo cual fue gran conveniencia que el reverendo padre Cristóbal de Acuña, su hermano, hiciese este viaje, pues otro ninguno sería tan a propósito para solicitar sus pretensiones».

[60] *a prima faz*: a primera vista.

él había hecho, y sus antepasados por toda la vida, fue don Juan Vázquez de Acuña[61], caballero del hábito de Calatrava[62], teniente de capitán general del virrey del Perú y corregidor[63] actual, por su majestad, de españoles y naturales en la mesma ciudad de Quito y su comarca; el cual ofrecía no solo su persona, pero juntamente su hacienda para a su costa levantar gente, pagar soldados, comprar mantenimientos, disponer pertrechos y hacer todos los gastos necesarios para tan cumplido viaje, solo con el interés que siempre tuvo de que su rey y señor fuese mejor servido.

No surtió efeto su buen deseo, por no le dar licencia quien podía que, atendiendo a la falta que podría hacer dejando el oficio que ejercía actualmente, se le negó; si bien no quiso Dios que tan honrados deseos quedasen del todo frustrados, disponiendo las cosas de suerte que, ya que él no iba, fuese en su lugar el padre Cristóbal de Acuña, religioso de la Compañía de Jesús, su hermano, teniendo a gran dicha poder por este medio ofrecer al servicio de su majestad cosa que tanto estimaba y le tocaba tan de cerca, lo cual sucedió de esta manera.

- NÚMERO XVI

Nombra la real audiencia al padre Cristóbal de Acuña para esta jornada

Viendo el licenciado Suárez de Poago, fiscal de la Real Chancillería de Quito, ya de partida la portuguesa armada, y considerando como

---

[61] *Juan Vázquez de Acuña*: hermano del relator Cristóbal de Acuña, como leemos un poco más abajo.

[62] *hábito de Calatrava*: explica Cov. s. v. *Calatrava*: «Lugar conocido, no lejos de Almagro, uno de los pueblos que antiguamente se llamaron oretanos, de la provincia Tarraconense. Es nombre arábigo, y vale tanto (según Diego de Urrea) como castillo o villa de los aires. En esta villa se fundó la casa y orden de Calatrava, que tuvo principio en el año de mil y ciento y cincuenta y ocho, en tiempo del rey don Sancho el Deseado, hijo del rey don Alonso, llamado Emperador de las Españas, en el principio de su reinado. Tomó nombre del castillo de Calatrava, que antes había sido en aquella villa de templarios; y el dicho rey don Sancho la dio a don Raimundo, primero abad del monesterio de Santa María de Fitero, que es en el reino de Navarra, de la orden del Císter, en cuya compañía estaba fray Diego Velázquez, de la mesma orden, que antes de haber profesado en ella fue valeroso caballero de armas; y el dicho don Raimundo fue el primer Maestre de Calatrava. Traen por insignia la cruz roja floreteada, y sus armas son la mesma cruz en campo de oro, y a los lados dellas dos trabas azules, aludiendo al nombre del castillo de Calatrava, en cuanto al sonido de la voz».

fiel ministro de su majestad los muchos útiles y ningunos inconvenientes que se podían seguir de que dos religiosos de la Compañía de Jesús la acompañasen, notando con cuidado todo lo digno de advertencia en este gran río, con cuya noticia pasasen a España para dar cierta relación de todo en el Real Consejo de las Indias, y siendo necesario al rey nuestro señor en su real persona, como lo pensó el fiscal, así lo propuso en el real acuerdo[64], y pareciendo a todos bien la propuesta, se le dio noticia de ello al provincial de la Compañía de Jesús, que a la sazón era el padre Francisco de Fuentes, el cual, estimando la honra que se hacía a su religión en fiar de ella cosa de tanta importancia, y cudicioso de que por esta vía se le abriese puerta a que sus hijos entrasen a llevar la nueva luz del santo Evangelio a tanto número de almas que en este gran río yacen en la sombra de la muerte, nombró en primer lugar, para esta empresa, al padre Cristóbal de Acuña, religioso profeso y actual rector del colegio de la compañía de la ciudad de Cuenca[65], juridición de Quito; y en segundo lugar, y por su compañero, al padre Andrés de Artieda, lector[66] de teología en el dicho colegio de la mesma ciudad de Quito.

Aceptado por los señores de aquella real audiencia el nombramiento de los dichos dos religiosos de la Compañía de Jesús, se les mandó dar una real provisión (cuya cláusula pusimos al principio) en que se les manda que, siendo con ella requeridos, luego al punto partan de la ciudad de San Francisco del Quito en compañía del capitán mayor Pedro Tejeira, y llegando a la del Pará, pasen a España a dar cuenta de todo lo que con cuidado hubieren notado en el discurso del viaje al rey nuestro señor en su real persona.

---

[63] *corregidor*: «Corregidor, el que rige y gobierna alguna ciudad o pueblo» (Cov.). Comp. *El Marañón*, lib. I, cap. 15: «mandó el gobernador al capitán Pedro Ramiro, teniente y corregidor que era de Santa Cruz».

[64] *acuerdo*: sala, reunión de los magistrados, como ya se ha anotado anteriormente.

[65] *Cuenca*: comp. Chantre, 1901, p. 39: «La primera cómoda puerta es la ciudad de Cuenca de la banda del sur hacia Lima, que dista sesenta leguas de Quito, de donde a tres jornadas se llega a la provincia de los jíbaros».

[66] *lector*: «Lector, el que lee alguna cosa; también se toma por el maestro, como lector en Teología» (Cov.).

- NÚMERO XVII

Salen los padres de Quito

Obedecieron luego los dichos padres a lo que se les mandaba, y a los diez y seis de febrero de mil y seiscientos y treinta y nueve dieron principio a tan luengo viaje, que duró por espacio de diez meses, hasta entrar en la ciudad del Pará, donde tomaron puerto a los doce de diciembre del mesmo año, después de haber hollado con sus plantas los encumbrados cerros que con el licor de sus venas alimentan y dan el primer sustento a este gran río, y caminado sobre sus ondas hasta donde, dilatado en ochenta y cuatro leguas de boca, paga caudaloso tributo al mar océano[67], después de haber con muy particular cuidado notado todo lo que en él hay digno de advertencia, después de haber marcado sus alturas[68], señalado por sus nombres los ríos que le tributan, reconocido las naciones que se sustentan en sus orillas, visto su fertilidad, gozado sus mantenimientos, experimentado sus temples, comunicado[69] sus naturales; y finalmente después de no haber dejado cosa de las en él contenidas de que no puedan ser testigos oculares.

Como a tales pues, como a personas que tantas obligaciones nos corren de ser puntuales en lo que se nos ha encomendado, pido yo a los que esta relación leyeren me den el crédito que es justo, pues yo soy el uno de ellos, y en nombre y por parecer de entrambos tomé la pluma para escribirla.

Digo esto por las que podrá ser saquen otros a luz, quizá no tan ajustadas a la verdad como convenía. Esta lo será, y tanto, que por ningún caso pondré en ella cosa de que no pueda con la cara descubierta

---

[67] *mar océano*: el Atlántico. Comp. *El Marañón*, lib. I, cap. 1: «comenzaron los fuertes españoles a intentar nuevas conquistas y descubrimientos, aspirando a más ensalzada fortuna que hasta allí. Y llevadas sus armadas del honroso deseo de renovar los triunfos de sus pasados, abrieron en el anchísimo mar Océano nuevas carreras»; Acosta, *Historia natural y moral*, p. 23: «digo que diversas veces que he peregrinado pasando esos grandes golfos del mar Océano y caminando por estotras regiones de tierras tan extrañas, poniéndome a mirar y considerar la grandeza y extrañeza de estas obras de Dios...».

[68] *alturas*: sus profundidades, es decir, deben marcar los trayectos adecuados para navegar sin peligros de bajíos ni de poco fondo.

[69] *comunicado*: «Comunicar alguno es tratarle y conversarle» (Cov.).

atestiguar con más de cincuenta españoles —castellanos y portugueses—[70], que hicieron el mesmo viaje, afirmando lo cierto por cierto, y lo dudoso por tal, para que en cosa tan grave y de tanta importancia nadie se arroje a creer más de lo que en esta relación se afirma.

• NÚMERO XVIII

El río de las Amazonas es el mayor del orbe

Es el famoso río de las Amazonas que corre y baña las más ricas, fértiles y pobladas tierras de todo el imperio del Perú, el que de hoy en adelante podemos, sin usar de hipérboles, calificar por el mayor y más célebre del orbe.

Porque si el Ganges riega toda la India, y por caudaloso escurece el mar cuando desagua en él, haciéndole que pierda el nombre y se llame Sinu Gangético[71], por otro nombre golfo de Bengala; si el Éufrates, por

---

[70] *españoles —castellanos y portugueses—*: los españoles incluyen a castellanos y portugueses.

[71] *Sinu Gangético*: todo este pasaje se copia casi al pie de la letra del *Descubrimiento del río*, p. 315 (hay un error en la cita de Lucano): «Este es el famoso río de las Amazonas que corre y baña las más fértiles y pobladas tierras que tiene el imperio del Perú, y sin usar de hipérboles, lo podemos calificar por el mayor y más célebre río del orbe. Porque si el Ganges riega toda la India, y por caudaloso oscurece el mar cuando desagua en él, haciéndolo que se llame Sinus Gangeticus, y por otro nombre golfo de Bengala; si el Éufrates, por río caudaloso de la Siria y parte de la Persia, es las delicias de aquellos reinos; si el Nilo riega la mayor parte de África, fecundándola con sus corrientes, el río de las Amazonas riega más extendidos reinos, fecunda más vegas, sustenta más hombres, aumenta con sus aguas a más caudalosos océanos. Solo le falta, para vencerlos en felicidad, tener su origen en el paraíso, como de aquellos ríos afirman gravísimos doctores que lo tuvieron. Del Ganges dicen las historias que desaguan en él treinta caudalosos ríos y que tiene arenas de oro; innumerables ríos en el de las Amazonas, arenas de oro tiene, tierras riega que atesoran innumerables riquezas. El Éufrates se llama así *a laetificando*, como notó San Ambrosio, porque con sus corrientes alegra los campos de suerte que los riega este año asegurando abundante cosecha para el que viene. Del río de las Amazonas afirman los que le han descubierto, que sus campos parecen paraísos, y que si ayuda el arte a la fecundidad del suelo, serán entretenidos paraísos y sus islas jardines. La felicidad de la tierra que riega el Nilo celebra Lucano en estos versos: Terra suis contenta bonis non indiga mercis, / authoris in solo tanta est fiducia Nilo. No necesitan las provincias vecinas al río de las Amazonas de los extraños bienes; el río

río afamado de la Siria y parte de la Persia, es las delicias de aquellos reinos; si el Nilo riega lo mejor del África, fecundándola con sus corrientes, el río de las Amazonas riega más estendidos reinos, fecunda más vegas, sustenta más hombres y aumenta con sus aguas a más caudalosos océanos.

Solo le falta, para vencerlos en felicidad, tener su origen en el paraíso[72], como de aquellos lo afirman graves autores. Del Ganges dicen las historias que desaguan en él treinta caudalosos ríos y que en sus playas se ven arenas de oro; innumerables ríos desaguan en el de las Amazonas, arenas de oro tiene, y tierras riega que atesoran en sí infinitas riquezas. El Éufrates se llama así, como notó San Ambrosio, *a laetificando*[73], porque con sus corrientes alegra los campos de suerte que los que riega este año aseguran abundante cosecha para el siguiente; del río de las Amazonas se puede afirmar que sus orillas son en la fertilidad paraísos, y si el arte ayuda a la fecundidad del suelo, será todo él unos apacibles jardines. La felicidad de la tierra que riega el Nilo celebró Lucano[74] en estos versos:

> Terra suis contenta bonis non indiga mercis
> aut Iouis; in solo tanta est fiducia Nilo.

es abundante de pesca, los montes de caza, los aires de aves, los árboles de frutas, los campos de mieses, la tierra de minas, como después veremos».

[72] *paraíso*: León Pinelo, en *El Paraíso en el Nuevo Mundo* (I, pp. 137-139) le soluciona al P. Acuña este leve inconveniente: «Dice la Escritura que aquel río que nacía del Lugar del Deleite que era lo interior del Paraíso, su centro y medio, habiéndole regado todo, se dividía en cuatro cabezas, que era en cuatro ríos distintos y separados»: comparados a los ríos americanos, dice Pinelo, los «cuatro que comúnmente se admiten por originarios del Paraíso, el Ganges, el Nilo, el Tigris y el Éufrates» son «arroyos». Pinelo identifica los cuatro ríos del Paraíso que menciona el Génesis con ríos americanos: el Río de la Plata o Paraguazú es el Fisón; el San Juan de las Amazonas, Orellana o Marañón de la corona de Castilla (diferente según Pinelo del Marañón portugués) sería el Geón; el Orinoco, Uriapari o Paria sería el Éufrates de la Biblia, y el río Magdalena el Tigris del Génesis.

[73] *a laetificando*: Cov. *s. v. Éufrates*: «el nombre de uno de los cuatro ríos que salían del Paraíso y regaban la tierra. Díjose así del verbo εὐφραίνω [...] *laetifico, laetum redo, delecto, oblecto, exhilaro*; porque la tierra que iba regando la dejaba alegre y fertilizada, causando juntamente en sus riberas gran frescura y amenidad». No apuramos el lugar de San Ambrosio, pero es una etimología común.

[74] *Lucano*: en *Farsalia*, VIII, 446-447: «La tierra, satisfecha de sus bienes no necesita del comercio ni de Júpiter; le basta su confianza en el Nilo».

No necesitan las provincias vecinas al río de las Amazonas de los estraños bienes; el río es abundante de pesca, los montes de caza, los aires de aves, los árboles de frutas, los campos de mieses, la tierra de minas y los naturales que le habitan de grandes habilidades y agudos ingenios para todo lo que les importa, como iremos viendo en el discurso de esta historia.

- NÚMERO XIX

Nacimiento del río de las Amazonas

Dando pues principio a ella por el nacimiento y origen de este gran río de las Amazonas, hasta ahora oculto siempre, queriendo cada tierra hacerse madre de tal hijo, atribuyendo a sus entrañas los primeros sustentos que le dan ser, nombrándole con nombre de río Marañón, error tan asentado en aquellas partes que la Ciudad de los Reyes[75], emporio de todas las de la América, se gloría de que las cordilleras de Guánuco de los Caballeros[76], a distancia de setenta leguas de su sitio, dan cuna y cortan los primeros pañales de una laguna que allí está a este afamado río. Y a la verdad, no va muy fuera de camino, pues ya que no sea este su origen del río de las Amazonas, eslo por lo menos de uno de los más famosos, que él convierte en su propia sustancia, y alimentado de sus aguas, corre más brioso su carrera.

[75] *Ciudad de los Reyes*: Lima, fundada junto al río Lima el día de Reyes (6 de enero) de 1535.
[76] *Guánuco de los Caballeros*: fundada el 15 de agosto de 1539 por Gómez de Alvarado; comp. *Nuevo descubrimiento del río Marañón*, p. 279: «la ciudad de Huánuco, pocas leguas de Lima». Esta creencia que Acuña considera error aparece por ejemplo en Aguilar, *El Marañón*, cuando pone en Guánuco el nacimiento del Amazonas (al que, como ya se ha dicho, llama Marañón): «El poderosísimo río Marañón, cuya grandeza, oculta en los antiguos tiempos ha sido espantosa en los presentes, es uno de los mayores y más caudalosos que en las Indias se ha descubierto, porque, considerada su anchura y longitud, no se alaba el mundo de ninguno que le iguale aunque en aires salutíferos y multitud de pueblos moradores se le aventajen muchos. La gloria de haberle visto primero por la mar del Norte atribuyen a un Vicencio Yáñez Pinzón, el año de mil y cuatrocientos y noventa y nueve, y cuarenta años después, aquel famoso viaje que Gonzalo Pizarro hizo a la canela navegó por él el capitán Orellana, que fue el primero que dio noticia de sus provincias. Su verdadero nacimiento es en la provincia de Guánuco, llamada así por un animal deste nombre conocido en aquellas partes» (lib. I, cap. 7).

Quiere también el Nuevo Reino de Granada aumentar su crédito prohijando a las vertientes de Mocoa[77] el primer nacimiento de este río que en su origen llaman los naturales el gran Caquetá[78], si bien con ningún fundamento, pues en más de setecientas leguas no se ven las caras estos dos ríos y cuando se encuentran, como reconociendo a su mayor, torciendo el Caquetá su curso, viene a pagar vasallaje al de las Amazonas.

Por otras muchas partes quiere el Perú alzarse con[79] el principio y nacimiento de este gran río celebrándole y festejándole como a rey de los demás, pero de hoy en adelante no lo permitirá la ciudad de San Francisco del Quito, pues a ocho leguas de su asiento tiene encerrado este tesoro a las faldas de la cordillera que divide la juridición del gobierno de los Quijos, al pie de dos cerros, llamado el uno Guamaná y el otro Pulcán, distantes entre sí aún no dos leguas, de los cuales da este por madre al recién nacido una grande laguna; y aquel, otra, aunque no de tanto boj[80], si bien de mucho fondo que agujerando un cerro que, invidioso del tesoro que de sí ofrecía, con la fuerza de un terremoto se le echó encima, pretendiendo ahogar en sus principios tan grandes esperanzas como de aquel pequeño lago se prometían al mundo. De estas dos lagunas, que caen veinte minutos debajo de la línea equinocial a la banda del sur, tiene su principio el gran río de las Amazonas.

---

[77] *Mocoa*: comp. *Nuevo descubrimiento del río Marañón*, p.256: «fray Pedro Pecador, dejando al padre fray Antonio Caicedo en Écija, partió para Mocoa, provincia de Popayán». Actualmente es una de las ciudades del sur colombiano, junto con Popayán y Pasto.

[78] *Caquetá*: la región del Caquetá (en la actual Colombia) se inicia en el pie de monte andino y termina en la selva amazónica. Los ríos de la zona (Ajajú, Apaporis, Yarí, Caguán…) son todos afluentes del río Caquetá.

[79] *alzarse con*: usurpar; «alzarse con algo. Lo mismo que tomar o quitar alguna cosa, quedándose con ella sin acción ni derecho» (*Aut*).

[80] *boj*: perímetro de una isla o cabo; comp. *Descubrimiento del río*, p. 329: «Había en la isla del Marañón, que tiene 18 leguas de boj, más de sesenta aldeas de indios»; Acosta, *Historia natural y moral,* p. 95: «Boja la dicha laguna casi ochenta leguas; el largo será casi de treinta y cinco».

- NÚMERO XX

Su curso, latitud y longitud

Hace su curso este río de oeste a leste[81], como dice el navegante, esto es de poniente a oriente, vecino siempre a la equinocial a la banda del sur, por dos grados, tres, cuatro, cinco y dos tercios en la mayor altura.

Tiene de largo desde su nacimiento hasta que desagua en el mar mil y trecientas y cincuenta y seis leguas castellanas[82] bien medidas, y según Orellana, mil y ochocientas. Camina siempre culebreando en vueltas muy dilatadas y como señor absoluto de todos los otros ríos que en él entran tiene repartidos sus brazos, que son como fieles ejecutores suyos, por medio de los cuales sale al encuentro y cobrando de ellos el debido tributo de sus aguas, los vuelve a incorporar en la canal principal.

Y es cosa digna de notar que cual es el güésped que recibe tales son los aposentadores[83] que le despacha, de suerte que con ordinarios brazos recibe los más comunes ríos, acrecentando otros mayores para los de más cuenta; y a algunos que son tales que casi se le pueden poner hombro con hombro[84], él mesmo en persona, con toda su corriente, les sale a ofrecer el hospedaje.

---

[81] *leste*: lo mismo que este; la forma *leste* caracteriza al registro marinero; de ahí la precisión «como dice el navegante». No hay que corregir en «al este». Comp.: «los puntos de verdadero levante y poniente llamados Leste y Ueste» (Pedro de Lucuce, *Tratado 6º de la cosmografía*, edición digital en <http://www.ub.es/geocrit/tc-l3c3.htm>; José Acosta, *Historia natural y moral*, p. 131: «resultan ocho diferencias de vientos que son notables, las cuales en diversas carreras de mar y tierra tienen diversos vocablos. Los que navegan el Océano suelen nombrarlos así: al que viene del Polo nuestro llaman Norte, como al mismo Polo; al que se sigue y sale del Oriente Estival, Nordeste; al que sale del Oriente propio y Equinocial, llaman Leste; al del Oriente Hiemal, Sueste; al del Mediodía o Polo Antártico, Sur; al que sale del Océano Hiemal, Sudueste; al del Ocaso propio y Equinocial, Oeste; al del Ocaso estival, Norueste».

[82] *legua castellana*: le atribuye unos 6800 kilómetros; Orellana más de 9000. Acuña está más cerca de la longitud real del Amazonas, que ha ido recibiendo diferentes estimaciones.

[83] Todo el pasaje: cuanto mayor es el afluente mayor es el brazo en el que lo incorpora.

[84] *hombro con hombro*: «Ir hombro con hombro, ir a la iguala con otro» (Cov.).

De latitud y anchura es muy vario, porque por unas partes se esplaya una legua, por otras dos, por otras tres y por otras mucho más, guardando tanta estrechura en tantas leguas, para con más licencia, dilatado en ochenta y cuatro de boca, ponerse barba a barba[85] con el mar océano.

- NÚMERO XXI

Estrechura y fondo del río

El mayor estrecho donde este río recoge sus aguas es de poco más que de un cuarto de legua, en altura de dos grados y dos tercios. Lugar, sin duda, que previno la divina providencia, estrechando este dilatado mar dulce para que en su angostura se pudiese fabricar una fortaleza que impida el paso a cualquiera armada enemiga, por muchas fuerzas que traiga, si acaso entrare por la principal boca de este gran río que, entrando por el río Negro[86], en el mesmo se habrá de poner la defensa.

Está esta angostura trecientas y setenta leguas de la barra[87], de donde en ocho días, con embarcaciones ligeras, a vela y remo, se puede dar aviso mucho antes que el enemigo les dé vista.

La profundidad de este río es grande y en partes tal que no se halla fondo: desde la boca hasta el río Negro, que es espacio de casi seiscientas leguas, nunca le faltan treinta o cuarenta brazas de altura[88] en la canal principal; de ahí arriba va variando más, ya con veinte, ya con doce y ya con ocho brazas muy a sus principios, fondos suficientes para cualesquiera embarcaciones, que aunque la corriente impida, no faltan de ordinario todos los días tres, cuatro horas de brisas fuertes, y a veces por todo el día, con que vencerla.

---

[85] *barba a barba*: como hombro con hombro.
[86] *río Negro*: ver el núm. LXV.
[87] *barra*: «Barra en los puertos es la ceja que hace el arena, hasta la cual hay mar baja, y en pasando della empieza la hondura como la barra de San Lúcar» (Cov.).
[88] *altura*: como en otros casos, en el sentido etimológico de profundidad. Una braza es algo más de metro y medio.

• NÚMERO XXII

Islas y su fertilidad y frutos

Todo este río está poblado de islas, unas grandes, pequeñas otras, tantas en número que no se pueden contar, porque se encuentran a cada paso. Las ordinarias son de cuatro o cinco leguas, otras hay de diez y de veinte, y la que habitan los tupinambás[89] (de quienes hablaremos después) tiene más de cien leguas de circunferencia.

Hay también otras muchas muy pequeñas que les sirven a los naturales de hacer en ellas sus sementeras, teniendo en las mayores su habitación. Estas islas de menor porte, y a veces las mayores o mucha parte de ellas, baña todos los años el río, fertilizándolas de suerte con sus lamas[90] que no pueden jamás alegar título de estériles, aunque por muchos años continuados se les pida el ordinario fruto que es el maíz y la yuca o mandioca[91], común sustento de todos y de que tienen mucha abundancia; y aunque al parecer estaba expuesta a grande diminución y pérdida, con tan poderosas avenidas, la naturaleza, madre común de todos, dio a estos bárbaros medio fácil para su conservación. Cogen la yuca, que son unas raíces de que se hace el cazabe[92], pan ordinario en

---

[89] *tupinambás*: el término *tupinambá* es un etnónimo que significa el más antiguo o el primero, y se refiere a una nación indígena de la que formaban parte los tamoios, los temiminó, los tupiniquim y los tupinambáes propiamente dichos; comp. *Nuevo descubrimiento del río Marañón*, p. 300: «veinte y ocho leguas del río de la Madera está una provincia que llaman de los tupinambaranes, a la banda del sur».

[90] *lamas*: cieno, lodo, légamo y también cierto tipo de algas. El pez, dice Segismundo, en *La vida es sueño* de Calderón, es «aborto de ovas y lamas».

[91] *yuca, mandioca*: la yuca es una planta tropical, cuya raíz es alimenticia; algunas variedades de mandioca (arbusto de raíz carnosa comestible) también reciben el nombre de yuca; comp. *Descubrimiento del río*, p. 314: «las pequeñas cultivan, aprovechándose de ellas para sembrar yuca y maíz»; *El Marañón*, lib. I, cap. 8: «Esta isla es fértil de maíz y yuca dulce, batatas y mazate y otros géneros de raíces con que se sustentan». Comp. *Sumario*, cap. 5: «una planta que los indios llaman yuca, la cual es unas plantas que hacen unas varas más altas que un hombre, y tiene la hoja de la misma manera que el cáñamo, como una palma de una mano de un hombre, abiertos y tendidos los dedos, salvo que aquesta hoja es mayor y más gruesa que la del cáñamo».

[92] *cazabe*: torta hecha con la harina de la raíz de mandioca o yuca; comp. *Descubrimiento del río*, p. 331: «les dieron de comer cazabe y pescado»; p. 314: «Cavan en

todas aquellas costas del Brasil, y cavando en la tierra unas cuevas o silos hondos, las sepultan en ellos, dejándolos muy bien tapados todo el tiempo que duran las crecientes, las cuales pasadas, las sacan y benefician para su sustento, sin que por ello pierdan un punto de su valor.

Y si la naturaleza enseñó a la hormiga[93] a guardar como en trojes en las entrañas de la tierra el grano que ha de ser alimento suyo todo el año, ¿qué mucho[94] diese traza al indio, por más bárbaro que sea, para prevenir su daño y guardar su sustento, pues es cierto que la divina providencia más cuida de los hombres que de los animales brutos?

la tierra unos silos o cuevas muy profundas, y allí echan la yuca y la tapan muy bien cuando las aguas bañan la isla; y después que se retiran y se descubre la tierra, la sacan y comen, porque no se ha podrido con la humedad». Ver Fernández de Oviedo, *Sumario*, cap. 5 para la yuca y el cazabe: «Hay otra manera de pan que se llama cazabi, que se hace de unas raíces de una planta que los indios llaman yuca (esto no es grano, sino planta), la cual es unas plantas que hacen unas varas más altas que un hombre, y tiene la hoja de la misma manera que el cáñamo, como una palma de una mano de un hombre, abiertos y tendidos los dedos, salvo que aquesta hoja es mayor y más gruesa que la del cáñamo, y toman para la sembrar esta rama desta planta, y hácenla trozos tan grandes como dos palmos, y algunos hombres hacen montones de tierra a trechos y por linderos en orden, como en este reino de Toledo ponen las cepas de las viñas, a compás, y en cada montón ponen cinco o seis o más de aquellos palos desta planta. Otros no curan de hacer montones, sino llana la tierra, hincan a trechos estos plantones, pero primero han rozado o talado y quemado el monte para sembrar la dicha yuca, según se dijo en el capítulo del maíz, escripto antes deste, y desde a pocos días nace, porque luego prende; y así como va cresciendo la yuca, así van alimpiando el terreno de la yerba, hasta que esta planta señorea la dicha yerba; y esta no tiene peligro de las aves, pero viénele mucho de los puercos, si no es de la que mata, que ellos no osan comer porque reventarían comiéndola; pero hay otra que no mata, que es menester guardarla a causa del hozar, porque el fruto desto nace en las raíces de las dichas plantas, entre las cuales se hacen unas mazorcas como zanahorias gruesas y muy mayores comúnmente, y tienen una corteza áspera y cuasi la color como leonada, entre parda, y de dentro está muy blanca, y para hacer pan della, que llaman cazabi».

[93] *la hormiga*: comp. *Descubrimiento del río*, p. 314: «Siempre la necesidad fue invencionera, y así enseñó a la hormiga a fabricar trojes en las entrañas de la tierra, para guardar su grano y el alimento: ¡qué mucho diese traza al indio bárbaro para que previniese su daño y guardase su sustento, pues es cierto que la providencia divina más cuida de los hombres que de los pájaros!».

[94] *qué mucho*: construcción interrogativa-ponderativa usual en la época: ¿qué tiene de extraño?; comp. *Quijote*, I, 33: «Porque, ¿qué hay que agradecer —decía él— que una mujer sea buena, si nadie le dice que sea mala? ¿Qué mucho que esté recogida y temerosa la que no le dan ocasión para que se suelte?».

• NÚMERO XXIII

Géneros de bebidas que usan

Este es, como ya dije, el cotidiano pan que siempre acompaña las demás viandas. Y no solo sirve de comida sino juntamente de bebida, a que son en general muy inclinados todos los naturales, para lo cual hacen unas grandes tortas delgadas que, cocidas en horno, se abizcochan de suerte que duran por muchos meses. Estas guardan en lo más alto de sus casas para tenerlas libres de las humedades de la tierra, y cuando las quieren aprovechar, echándolas en agua las deshacen, y cocidas al fuego, les dan el punto que han menester. Reposan este caldo, y frío es el ordinario vino[95] de que ellos usan, que a veces es tan fuerte que, como si fuera vino de uvas, les embriaga y hace perder el juicio.

Con este vino celebran sus fiestas, lloran sus muertos, reciben sus güéspedes, hacen sus sementeras y las cogen y, finalmente, no hay ocasión en que se junten que no sea este el azogue[96] que los recoge y la liga[97] que los detiene.

Hacen también, aunque no es tan ordinario, otros géneros de vinos que, como tan inclinados a la embriaguez, son como los tahúres, que nunca les falta de qué echar mano, ellos la echan de cualesquiera frutas silvestres, de que abundan los árboles, que deshechas en agua la dan con su zumo tal sabor y fuerza que muchas veces excede a la cerveza, bebida tan usada en todas las naciones estranjeras. Guardan estos vinos, unos en tinajas muy grandes de barro, como las de nuestra España, otros en pipas pequeñas, que labran de una pieza de socavados troncos, y otros en vasijas grandes que tejen de hierbas, dándoles por den-

---

[95] *vino*: es el masato, que se puede hacer de arroz, maíz, piña, o yuca, como dice aquí el P. Acuña.

[96] *azogue*: mercurio; está usando metáforas del proceso metalúrgico. El azogue se pega o junta a la plata u oro y los recoge para beneficiarlos: Acosta, *Historia natural y moral*, p. 220: «Es esta la más importante propiedad que tiene, que con maravilloso afecto se pega al oro y le busca y se va a él doquiera que le huele. Y no solo esto, mas así se encarna con él y lo junta a sí que le desnuda y despega de cualesquier otros metales o cuerpos en que está mezclado».

[97] *liga*: sigue con lenguaje metalúrgico, pero juega con el sentido de liga «cierta materia viscosa con que se prenden los pájaros» (Cov.).

tro y fuera tal betún[98] que no se les pierde gota del licor que en ellas recogen.

- NÚMERO XXIIII

Frutas que tienen

Las viandas con que acompañan este pan y vino son muchas, no solo de frutas como plántanos[99], piñas, guayabas, abios[100], castañas muy sabrosas que llaman en el Perú almendras de la sierra, y a la verdad más parecen esto que no aquello, si bien las llaman así por nacer en unos cocos que se asemejan al erizo[101] de la castaña.

Tienen palmas de diversos géneros, que producen unas sazonados cocos y otras sabrosos dátiles que aunque silvestres son de muy buen gusto; y otras muchas diferencias de frutas, propias todas de tierras calientes.

Tienen también raíces de mucho sustento, como son batatas, yuca mansa[102], que llaman los portugueses macachera, carás[103], criadillas de

---

[98] *betún*: «un cierto género de barro fluido, de su naturaleza tenaz» (Cov.).

[99] *plántanos*: conservamos esta variante que no es desconocida. Comp. Acosta, *Historia natural y moral*, p. 247: «Pasando a plantas mayores en el linaje de árboles, el primero de Indias de quien es razón hablar es el plátano; o plántano, como el vulgo le llama».

[100] *abios*: no apuramos el vocablo. Podría ser una errata poco descifrable: es significativo que el P. Rodríguez, al copiar este trozo en *El Marañón y Amazonas*, p. 106, suprima el vocablo: «frutas como plántanos, piñas, guayabas, castañas muy sabrosas que llaman en el Perú almendras de la tierra». Nótese que Rodríguez, que conserva fielmente la forma *plántano*, corrige «de la sierra» por «de la tierra», interpretando sin duda el texto como la habitual frase con la que muchos cronistas se refieren a elementos de las Indias comparándolos con otros europeos y añadiendo «de la tierra» (las llamas serán «ovejas de la tierra», etc.). Pero es una enmienda que no nos consta.

[101] *erizo*: «También llamamos erizo de la castaña una corteza que la cubre muy espinosa. Dice Laguna, sobre Dioscórides, lib. I, cap. 122, que naturaleza proveyó fuesen cubiertas las castañas con el erizo espinoso en tanto que estaban verdes porque las aves no las comiesen ni animal ninguno las tocase, por ser dañosas a los pulmones» (Cov.).

[102] *yuca mansa*: o yuca dulce, diferente de la yuca brava. Comp. *El Marañón*, lib. II, cap. 2: «En el tiempo que el campo estuvo en este pueblo donde se hacían los bergantines padeció grandísima hambre porque en él no se halló sino yuca brava»;

tierra[104], y otras que, asadas o cocidas, no solo son tan gustosas, sino sustanciales.

Acosta, *Historia natural y moral*, pp. 239-40: «En algunas partes de Indias usan un género de pan que llaman *cazabi*, el cual se hace de cierta raíz que se llama *yuca*. Es la yuca raíz grande y gruesa, la cual cortan en partes menudas y la rallan, y como en prensa la exprimen: y lo que queda es una como torta, delgada y muy grande, y ancha casi como una adarga. Esta, así seca, es el pan que comen: es cosa sin gusto y desabrida, pero sana y de sustento; por eso decíamos estando en la Española que era propia comida para contra la gula, porque se podía comer sin escrúpulo de que el apetito causase exceso [...] Es cosa de maravilla que el zumo o agua que exprimen de aquella raíz de que hacen el *cazabi* es mortal veneno y —si se bebe— mata, y la sustancia que queda es pan sano, como está dicho. Hay género de yuca que llaman dulce que no tiene en su zumo ese veneno, y esta yuca se come así en raíz cocida o asada, y es buena comida». Fernández de Oviedo, *Sumario*, cap. 5: «para hacer pan della, que llaman cazabi, rállanla, y después aquello rallado, estrújanlo en un cibucán, que es una manera de talega, de diez palmos o más de luengo y gruesa como la pierna, que los indios hacen de palmas, como estera tejido, y con aquel dicho cibucán, torciéndolo mucho, como se suele hacer cuando de las almendras majadas se quiere sacar la leche; y aquel zumo que salió desta yuca es mortífero y potentísimo venino, porque con un trago súbito mata; pero aquello que quedó, después de sacado el dicho zumo o agua de la yuca, y que queda como un salvado liento, tómanlo, y ponen al fuego una cazuela de barro llana, del tamaño que quieren hacer el pan, y está muy caliente, y no hacen sino desparcir de aquella cibera espremida muy bien, sin que quede ningún zumo en ella, y luego se cuaja y se hace una torta del gordor que quieren, y del tamaño de la dicha cazuela en que la cuecen, y como está cuajada, sácanla y cúranla, poniéndola algunas veces al sol, y después la comen, y es buen pan». O Rivero: «Este pan o cazabe se hace de unas raíces a manera de nabos llamadas yuca, y es tradición y sentir muy común que las plantó en estas Indias el glorioso apóstol Santo Tomás, cuando las honró con sus sagradas plantas. Hay dos especies de esta yuca, la una llaman yuca mansa, la cual asada o cocida es de mucho sustento, y tiene el sabor de las castañas; la otra se llama yuca brava, porque el humor y jugo es tan fuerte y venenoso, que bebiéndole, ahora sean hombres, ahora brutos, estando sin cocer, revientan luego, de que hay ejemplares muy frescos todavía» (Juan Rivero, *Historia de las misiones de los llanos de Casanare y de los ríos Orinoco y Meta*, cap. 7, edición digital en web de la Biblioteca Luis Ángel Arango del Banco de la República de Colombia: <http://www.lablaa.org/blaavirtual/historia/hismi/hismi29.htm>

[103] *macachera, carás*: macachera parece ser nombre tupí, usado para designar a la yuca dulce. No apuramos el otro vocablo.

[104] *criadillas de tierra*: «Dioscórid., lib. 2, cap. 134, dice así: "Las turmas de tierra son unas raíces redondas, sin hojas, sin tallo y algún tanto rojas; suélense cavar por la primavera y comerse así crudas, como cocidas". Laguna, sobre este capítulo, dice dellas lo que se sigue: "Carecen de todo sabor, y a esta causa se acomodan a todo

• NÚMERO XXV

Pescados de este río, y del pejebuey

Con todo de lo que más se alimentan y lo que, como dicen, les hace el plato, es el inmenso pescado que con increíble abundancia, cada día cogen a manos llenas de este río.

Pero entre todos el que como rey se señorea y está poblado en todo el río desde sus primeros principios, hasta que desagua en el mar, es el pejebuey[105], pescado que en el gusto solo le queda el nombre de tal,

---

género de guisados, empero aunque más se disfracen, toda vía comidas dan pesadumbre al estómago, conviértense en humores gruesos y melancólicos, crían arenas y piedra, engendran la perlesía, la apoplejía y el dolor de ijada, causan infinitas opilaciones, y finalmente son alcahuetas astutas, o por hablar más honestamente casamenteras entre el hombre y la tierra, de la cual salen para reconciliarle con ella"» (Cov.).

[105] *pejebuey*: el manatí; comp. *Nuevo descubrimiento del río Marañón*, pp. 295-296: «es buen sustento el pejebuey, que es tan grande cada uno como un becerro, y tiene la cabeza de la misma hechura, pacen hierba en las orillas de los ríos, su carne es como de vaca y de mucha sustancia». Acosta, *Historia natural y moral*, p. 158: «el que llaman *manatí*, extraño género de pescado: si pescado, se puede llamar animal que pare vivos sus hijos y tiene tetas y leche —con que los cría— y pace en el campo. Pero en efecto habita de ordinario en el agua y por eso le comen por pescado: aunque yo cuando en Santo Domingo lo comí un viernes casi tenía el escrúpulo, no tanto por lo dicho como porque en el color y sabor no parecían sino tajadas de ternera, y en parte de pernil, las postas deste pescado: es grande como una vaca». Comp. Juan Rivero, *Historia de las misiones de los llanos de Casanare y de los ríos Orinoco y Meta*, cap. 3: «El peje buey, muy celebrado en el Marañón y Amazonas, se halla también aquí, pero es un pescado del cual hacen poco caso los de la nación Achagua, que son por naturaleza muy melindrosos, y les parece que semejante carne más es para los chiricoas que para gentes como ellos. No tienen razón a la verdad en despreciar esa carne, pues no se halla diferencia en su gusto con el de la ternera o del cabrito, sin sabor de pescado. El sale a paser yerba como el buey a las orillas del río. Tiene dos manos, de las cuales usa para poder nadar; la hembra tiene ubres para criar a sus hijos; es de tanta pujanza, que ha habido veces de burlarse de los navegantes trastornándoles las embarcaciones, haciéndolos caer al agua y perder muchas cosas de la que llevaban». Otra descripción en *Sumario*, cap. 83, en el que detalla también el modo de cazarlo o pescarlo: «El manatí es un pescado de mar, de los grandes, y mucho mayor que el tiburón en groseza y de luengo, y feo mucho, que parece una de aquellas odrinas grandes en que se lleva mosto en Medina del Campo y Arévalo; y la cabeza deste pescado es como de una vaca, y los ojos por semejante, y tiene unos tocones gruesos en lugar de brazos, con que nada, y es ani-

pues no hay persona que cuando le come no le tenga por sazonada carne.

Es tan grande como un becerro de año y medio, y en la cabeza, a tener astas y orejas, no se diferenciara de él; tiene por todo el cuerpo algunos pelos, no muy largos, a modo de cerdas blandas, y muévese en el agua con dos brazos cortos que en forma de palas le sirven de remos, debajo de los cuales muestra la hembra sus pechos, con que mantiene con leche los hijos que pare.

Del cuero, que es muy grueso, hacen adargas[106] los guerreros, tan fuertes que, bien curado, no le pasa una bala de arcabuz.

Susténtase este pescado solo de hierba que pace, como si fuera buey verdadero, de donde cobra su carne tan buen gusto y es de tanta sustancia que con pequeña cantidad queda una persona más satisfecha y con más fuerzas que si comiera doblado de carnero.

Debajo del agua detiene poco el resuello y así, donde quiera que anda, saca a menudo el hocico para cobrar nuevo aliento, de donde le viene su total destrucción, pues él mismo se va mostrando a su enemigo: véenle los indios, y siguiéndole en canoas pequeñas, le aguardan a que queriendo respirar, saque la cabeza y clavándole con sus arpones, que hacen de conchas, le quitan la vida. Divídenle en postas[107] medianas, que asadas sobre parrillas de palo[108], duran sin corrupción más de

---

mal muy mansueto, y sale hasta la orilla del agua, y si desde ella puede alcanzar algunas yerbas que estén en la costa en tierra, pácelas. Mátanlos los ballesteros, y asimismo a otros muchos y muy buenos pescados, con la ballesta, desde una barca o canoa, porque andan someros de la superficie del agua; y como lo veen, danle una saetada con un arpón, y el tiro o arpón con que le dan lleva una cuerda delgada o traílla de hilo muy sotil y recio, alquitranado; y vase huyendo, y en tanto el ballestero da cordel, y echa muchas brazas dél fuera, y en el fin del hilo un corcho o palo, y desque ha andado bañando la mar de sangre, y está cansado, vecino a la fin de la vida, llégase él mismo hacia la playa o costa, y el ballestero va cogiendo su cuerda, y desque le quedan siete o diez brazas, o poco más o menos, tira del cordel hacia tierra, y el manatí se allega hasta tanto que toca en tierra, y las ondas del agua le ayudan a encallarse más, y entonces el dicho ballestero y los que le ayudan acábanle de echar en tierra»; otra en Magnin (Bayle, 1940, p. 55) y una más en Chantre, 1901, p. 106.

[106] *adargas*: «Un género de escudo hecho de ante, del cual usan en España los jinetes de las costas que pelean con lanza y adarga» (Cov.).

[107] *posta*: tajada, pedazo de carne, pescado, etc.

[108] *parrillas de palo*: es la barbacoa, que define Cabeza de Vaca: «unas parrillas, y están a dos palmos altas del suelo, y son de palos delgados, y echan la carne escala-

un mes. No hacen de él cecinas para todo el año (que son de mucho precio) por no tener sal en abundancia, que la que usan para templar sus comidas es muy poca y hecha de cenizas de cierto género de palmas, que más es salitre que sal.

- NÚMERO XXVI

Tortugas del río y cómo las guardan

Mas ya que no les es dado conservar por mucho tiempo estas cecinas, no les falta industria para tener carne fresca todo el invierno, que aunque no es tan gustosa como aquella, es más sana y no de menos provecho.

Hacen para esto unos corrales grandes cercados de palos, cavados por dentro de suerte que como lagunas de poco fondo, conserven siempre en sí el agua llovediza. Hecho esto, al tiempo que las tortugas salen a desovar a las playas, ellos también dejan sus casas, y emboscándose en los puestos conocidos que ellas más frecuentan, esperan a que saliendo a tierra, comience cada una a ocuparse en componer la cueva donde pretende dejar los güevos. Salen en esta sazón los indios, gánanlas la parte de la playa por donde han de tener su retirada al agua, y dando de improviso sobre ellas, en breve tiempo se ven señores de mucha cantidad, con no más trabajo que irlas volviendo lo de abajo arriba, con que sin poderse menear, las tienen todo el tiempo que quieren, hasta que ensartadas todas por unos agujeros que las hacen en el casco en varios cordeles y echadas al agua, bogando ellos en sus canoas, las llevan a remolco sin ningún trabajo, hasta meterlas en los corrales que tienen dispuestos, donde sueltas todas, las dan por prisión aquella estrecha cárcel, y sustentándolas con ramas y hojas de árboles, las tienen vivas todo el tiempo que las han menester.

Son estas tortugas tan grandes y mayores que rodelas[109] de buen tamaño; es su carne como de vaca tierna; tienen las hembras dentro del

---

da encima y así la asan» (*Naufragios y comentarios*, ed. R. Ferrando, p. 206). Fernández de Oviedo, *Sumario*, cap. 10: «ásanlos sobre unos palos que ponen, a manera de parrillas o trébedes, en hueco, que ellos llaman barbacoas, y la lumbre debajo».

[109] *rodela*: «Escudo redondo que cubre el pecho; arma española, que con ella y con la espada se suele pelear animosamente. Díjose así *cuasi* rotela, por ser redonda» (Cov.).

buche cuando las matan, de ordinario, más de ducientos güevos cada una, algo mayores y casi tan buenos como los de gallina, aunque más duros de digestión. Están a sus tiempos tan gordas que de dos solas se saca una botija de manteca que templada con sal, es tan buena y más gustosa, y dura mucho más que la cocida de vacas, sirve para freír pescado y para cualesquiera géneros de guisados en que por acá puede aprovechar la mejor y más delicada manteca de todas.

Cogen estas tortugas en tanta abundancia, que no hay corral de estos que no tenga de cien tortugas arriba, con que jamás saben estos bárbaros que cosa sean hambres, pues una sola basta a satisfacer una familia, por mucha gente que tenga.

- NÚMERO XXVII

Modos de pescas que usan

Con más facilidad gozan los moradores de este río de todos los géneros de pescados que en sí encierra, pues nunca recelando que les ha de faltar para el siguiente día se previenen en el antecedente, sino que con lo que hoy cogen sustentados, disponen para comer mañana otra cosecha.

El modo de pescar es diverso conforme a la variedad del tiempo y las crecientes o menguantes de las aguas, y así, cuando estas bajan tanto que ya los lagos se secan sin permitirles comunicación con el río, usan de un género de torvisco[110], que en aquellas costas llaman timbó[111], del

---

[110] *torvisco*: planta conocida, dice Cov. Puede ser venenosa. Dioscórides la trata en el libro IV, cap. 174. Estos indios usan la técnica de pescar con sustancias narcóticas o venenosas que quitan el sentido a los peces. Comp. Chantre, 1901, pp. 105-106: «los indios hacen un increíble estrago en todo género de peces con ciertas raíces venenosas que llaman barbasco, y es esto de manera que fuera del barbasco silvestre que se halla en los bosques, ellos mismos lo siembran, cultivan y benefician para que no les falte el instrumento de su pesca. Con pocos hacecillos de estas raíces envenenan toda una ensenada y laguna y en menos de una hora se dejan ver por la superficie del agua innumerables peces de todos tamaños ya borrachos del zumo de las raíces». Ver Magnin (Bayle, 1940, pp. 52-53) para otra descripción de esta técnica de pesca y alguna variedad.

[111] *timbó*: *enterolobium contortisiliquum*; denominado en distintas áreas también pacará, oreja de negro, cambá-nambí. Tiene propiedades tóxicas.

grosor de un brazo poco más o menos, y tan fuerte que machacados dos o tres palos de estos y batiendo con ellos el agua, que estantía[112] sustenta en aquellos lagos el pescado, apenas llega este a gustar de su vigor cuando sobreaguado todo se deja coger con las manos.

Pero el ordinario modo con que en todos tiempos y ocasiones son dueños de cuantos pescados sustenta este abastecido río es con las flechas que con una mano disparan de una paleta que en ella tienen y clavadas en el peje les hace oficio de boya para conocer a dónde después de herida se retira la presa, a que con presteza se arrojan y asiéndola la recogen en las canoas.

Y este modo de pesca no se estrecha a uno o a otro género particular de pescado, sino tan en general se estiende a todos, que ni los unos por grandes ni los otros por pequeños son privilegiados, mas antes todos pasan por un rasero.

Con ser estos pescados de tan diversos géneros, como ya dije, son de muy buenos gustos y muchos de ellos de particularísimas propriedades, como lo es la de un peje que los indios le llaman paraque[113], que es al modo de una muy grande anguilla o, por mejor decir, como un pequeño congrio, el cual tiene tal propiedad que mientras está vivo cuantos le tocan tiemblan luego todo el cuerpo mientras el contacto dura, como si tuvieran un recio frío de cuartanas[114], cesando todo al mismo instante que de él se apartan.

- NÚMERO XXVIII

Cazas del monte y aves de que se sustentan

Pudiera ser que enfastiados[115] estos naturales siempre con solo pescado, aunque tan bueno, apetecieran siquiera de cuando en cuando

---

[112] *estantía*: que no corre, detenida, estancada.

[113] *paraque*: es el temblador, del cual escribe Juan Rivero, *Historia de las misiones de los llanos de Casanare y de los ríos Orinoco y Meta*, cap. 3: «Críase otro pescado llamado temblador, muy parecido a un culebrón horrible. En tocando a alguno este pez, sea hombre o bestia, le hace crujir los huesos y le derriba de su estado, sintiendo un dolor vehemente pero que pasa pronto. Llámase temblador porque a tiempo de crujir los huesos parece que está temblando la persona o bestia a quien tocó». Ver la descripción de Chantre, 1901, p. 108.

[114] *cuartanas*: fiebre que tiene accesos cada cuatro días.

[115] *enfastiados*: hastiados, aburridos, hartos.

alguna carne, y así les previno la naturaleza sus antojos, poblándoles la Tierra Firme con muchos géneros de cazas, como son dantas[116], que son del tamaño de una mula de un año y muy parecidas a ella en el color y disposición, y el gusto de la carne no se diferencia del de la vaca, aunque toca algo en dulce.

Hay también puercos montaraces, no jabalíes, sino otro género muy diverso, que tiene el omblígo en el lomo[117], de que están pobladas casi todas las Indias. Es muy buena carne y muy sana, como también lo es la de otra especie de estos mesmos animales, que se hallan en muchas partes, muy semejantes a los caseros nuestros.

---

[116] *dantas*: o tapir, mamífero de carne comestible. Comp. Acosta, *Historia natural y moral*, p. 288: «Como los *saínos* son semejantes a puercos, aunque más pequeños, así lo son a las vaquillas pequeñas las *dantas*, aunque en el carecer de cuernos más parecen muletas: el cuero de estas es tan preciado para cueras y otras cubiertas, por ser tan recias que resisten cualquier golpe o tiro»; Fernández de Oviedo, *Sumario*, cap. 12: «Los cristianos que en Tierra-Firme andan llaman danta a un animal que los indios le nombran beorí, a causa que los cueros destos animales son muy gruesos, pero no son dantas. E así han dado este nombre de danta al beorí tan impropiamente como al ochi el de tigre. Estos animales beoríes son del tamaño de una mula mediana, y el pelo es pardo, muy escuro y más espeso que el del búfano, y no tiene cuernos, aunque algunos los llaman vacas. Son muy buena carne, aunque es algo más mollicia que la de la vaca de España»; Chantre, 1901, p. 107: «es singular en su género, por la grandeza y figura, la danta. Su cuerpo, forma y aire es como de una mula; es ligerísima en zabullirse en el agua y como es anfibia corre por el monte».

[117] *el omblígo en el lomo*: es el saíno o báquira, que tiene una glándula en lo alto del lomo por donde segrega un humor fétido; comp. *Nuevo descubrimiento del río Marañón*, p. 296: «un género de ganado de cerda hay en todas aquellas tierras que tiene el omblígo en el lomo, y cuando los matan es necesario cortárseles luego, porque si no toma el olor la carne, que es muy sana y buena»; Acosta, *Historia natural y moral*, p. 287: «*Saínos* llaman unos como porquezuelos, que tienen aquella extrañeza de tener el omblígo sobre el espinazo. Estos andan por los montes a manadas: son crueles y no temen, antes acometen y tienen unos colmillos como navajas con que dan muy buenas heridas y navajadas, si no se ponen a recaudo los que los cazan. Súbense los que quieren cazarlos a su seguro en árboles, y los *saínos* o puercos de manada acuden a morder el árbol cuando no pueden al hombre: y de lo alto con una lancilla hieren y matan los que quieren. Son de muy buena comida, pero es menester quitalles luego aquel redondo que tienen en el omblígo del espinazo, porque de otra suerte dentro de un día se corrompen»; Fernández de Oviedo, *Sumario*, cap. 24: «de los naturales puercos de la Tierra-Firme hay muchos salvajes, de los cuales muchas veces se veen grandes piaras o cantidad junta [...] Estos puercos son algo menores que los nuestros, y más peludos o cubiertos de lana, y tienen el omblígo en medio del espinazo».

Hay venados, pacas, cotias, iguanas, yagotis[118] y otros animales propios de las Indias, de buenas carnes y de tan buen gusto que poco se echan menos[119] las más regaladas de Europa.

Hay perdices en los campos y crían en sus casas algunas gallinas de las nuestras, cuya semilla bajó del Perú y de unos a otros se ha ido estendiendo por todo el río; el cual, en muchos lagos que hace les sustenta infinidad de patos y otras aves del agua para cada y cuando que ellos quieren aprovecharse de ellas.

Y lo que más admira es el poco trabajo que cuestan todas estas cosas, como se puede colegir de lo que cada día experimentábamos en nuestro real[120], de donde, después de llegar a la dormida y después de

---

[118] *pacas, cotias, iguanas, yagotis*: las pacas (roedores anfibios, *coeluguenus paca*) y cotias (agutí dorado, *dasyprocta agutí*), son mamíferos roedores de carne muy estimada. De la iguana dice el P. Acosta, *Historia natural y moral*, p. 289: «Harto mejor comida es la de iguanas, aunque su vista es bien asquerosa pues parecen puros lagartos de España; aunque estos son de género ambiguo, porque andan en el agua y sálense a tierra, y súbense en árboles que están a la orilla del agua, y lanzándose de allí al agua las cogen poniéndoles debajo los barcos»; Oviedo en el *Sumario*, cap. 6, da una extensa descripción de las iguanas: «Comían asimismo una manera de sierpes que en la vista son muy fieras y espantables, pero no hacen mal, ni está averiguado si son animal o pescado, porque ellas andan en el agua y en los árboles y por tierra, y tienen cuatro pies, y son mayores que conejos, y tienen la cola como lagarto, y la piel toda pintada, y de aquella manera de pellejo, aunque diverso y apartado en la pintura, y por el cerro o espinazo unas espinas levantadas, y agudos dientes y colmillos, y un papo muy largo y ancho, que le cuelga desde la barba al pecho, de la misma tez o suerte del otro cuero, y callada, que ni gime ni grita ni suena, y estase atada a un pie de un arca o donde quiera que la aten, sin hacer mal alguno ni ruido, diez y quince y veinte días sin comer ni beber cosa alguna; pero también les dan de comer algún poco cazabi o otra cosa semejante, y lo comen, y es de cuatro pies, y tiene las manos largas, y complidos los dedos, y uñas largas como de ave, pero flacas, y no de presa, y es muy mejor de comer que de ver, porque pocos hombres habrá que la osen comer si la veen viva (excepto aquellos que ya en aquella tierra son usados a pasar por ese temor y otros mayores en efecto, que aqueste no lo es sino en la apariencia). La carne della es tan buena o mejor que la del conejo, y es sana, pero no para los que han tenido el mal de las búas, porque aquellos que han sido tocados desta enfermedad (aunque haya mucho tiempo que están sanos) les hace daño». No documentamos los yagotis.

[119] *echar menos*: portuguesismo usual en la época. La forma española «echar de menos» procede de «achar menos» que significa 'notar la falta de alguien o de algo', transformado por los españoles en «echar menos» y más tarde en «echar de menos».

[120] *real*: campamento. Como en otras ocasiones *dormida* significa el lugar donde se pernocta.

ocupados los indios amigos que nos acompañaban en hacer barracas suficientes para todo el alojamiento, en que se consumía mucho tiempo, se repartían unos por tierra, con perros, en busca de caza y otros por agua, con solos sus arcos y flechas, y en pocas horas víamos venir a estos cargados de pescado y a aquellos con caza suficiente para que todos quedásemos satisfechos. Lo cual no era un día o otro, sino todos cuantos duró el viaje, que fue tan cumplido como ya dije.

Maravilla digna de admiración y que solo se puede atribuir a la paternal providencia de aquel Señor que con solos cinco panes y pocos peces[121] sustentó cinco mil hombres, quedándole el brazo sano y las manos llenas para mayores liberalidades.

- NÚMERO XXIX

Clima y temple del río

El clima de este río y todas las provincias a él circunvecinas es templado, de suerte que ni hay calor que enfade, ni frío que fatigue, ni variedad que sea molesta; porque aunque se reconoce algún género de invierno no es tanto causado de la variedad de los planetas y curso del sol, que siempre nace y se pone a una misma hora, como de las inundaciones de las aguas, que con sus humedades impiden por algunos meses las sementeras y frutos de la tierra, por los cuales nos regimos de ordinario en aquellas partes del Perú, de tan diferentes temples, para conocer y distinguir el verano del invierno, de suerte que todo el tiempo que la tierra nos produce frutos llamamos verano y por el contrario, invierno al en que por alguna causa se impiden sus cosechas. Estas son dos al año en este río, no solo en los maíces, uno de sus principales sustentos, sino también en otras semillas propias de la tierra. Verdad es que las más cercanas a las cordilleras de Quito gozan de más calor que lo restante del río, por las muchas brisas que de ordinario refrescan lo más propincuo a las costas de la mar, si bien este calor, cuando mayor, es tanto como lo ordinario de Guayaquil, Panamá o Cartagena, templándose en gran parte con los continuos aguaceros de casi cada día, haciéndoles a todas estas tierras gran ventaja en conservar por mucho

---

[121] *cinco panes y pocos peces*: alusión evangélica fácil.

tiempo sus mantenimientos incorruptos, como lo experimentamos en las hostias con que cada día decíamos misa, que después de cinco meses y medio que salieron de Quito estaban tan frescas como si fueran de pocos días hechas y por acabarse a este tiempo no experimentamos todo lo que en adelante pudieran durar, cosa que espanta a los que tenemos corridos diferentes temples de las Indias y sabemos por experiencia la facilidad con que en tierras cálidas se corrompen aun cosas de más sustancia.

No son los soles de este río, con avecindarse tanto a la equinocial, nocivos, ni se conocen serenos[122] que hagan daño, de que puedo ser buen testigo, pues raras veces en todo el tiempo que por él navegué dejé de pasar las noches de claro en claro a su inclemencia, sin que jamás me causase un dolor de cabeza, que en otras partes solo un pequeño rayo de la luna los suele causar muy desmedidos, si bien es verdad que en sus primeras entradas casi todos los que veníamos de tierras frías tuvimos cuatro calenturas, que con otras tantas sangrías nos dejaron libres.

Ni tampoco hay en este río aires corruptos que con repentinas calidades dejan lisiados a aquellos a quienes más hieren, como a costa de su salud y a veces de la vida, los sienten muchos casi en todo lo descubierto del Perú. Y a no tener la plaga de mosquitos, de que abunda en muchos parajes, se pudiera llamar a boca llena un dilatado paraíso.

- NÚMERO XXX

Disposición de la tierra y drogas medicinales

De esta apacibilidad de temples nace sin duda la frescura de todas sus orillas, que coronadas de varios y hermosos árboles, parece que a porfía están de continuo dibujando nuevos países[123] en que la naturaleza se esmere y el arte aprenda. Y aunque en lo común es tierra baja, tiene también altos bien proporcionados, campiñas desembarazadas de

---

[122] *serenos*: humedades nocturnas; «Comúnmente llamamos sereno el aire alterado de la prima noche con algún vapor que se ha levantado de la tierra» (Cov.); comp. *Quijote*, II, 74: «¿podrá vuestra merced pasar en el campo las siestas del verano, los serenos del invierno, el aullido de los lobos?».

[123] *países*: pintura de paisajes.

arboledas y cubiertas de flores, valles que siempre conservan la humedad y en lo más retirado cerros tales que pueden con razón pasar con nombre de cordilleras.

En estos incultos bosques tienen los naturales librada para sus dolencias la mejor botica de simples[124] que hay en lo descubierto, porque aquí se coge la más gruesa cañafístola[125] que en parte alguna, la zarzaparrilla[126] más perfecta, las gomas y resinas saludables más en abundancia, la miel de abejas silvestres más a cada paso y tanto que apenas se llega a paraje donde no la haya, gastándola no solo en medicinas, para que es muy saludable, sino también sustentándose con ella, por ser de lindo gusto y aprovechando la cera que, aunque es negra, es buena y arde tan bien como cualquiera otra. Aquí el aceite de andirova[127], que es un árbol, que no tiene precio para curar heridas; aquí al de copaiba[128], que también lo es, no iguala el mejor bálsamo; aquí se hallan

---

[124] *simples*: 'elementos simples que entran en la composición de las medicinas recetadas' («Llaman los botanistas y boticarios a las plantas, hierbas o minerales que sirven por sí solas a la medicina o entran a componer las drogas», *Aut*).

[125] *cañafístola*: «es fruto de un árbol grande, que tiene la corteza pardilla, la madera negra, maciza y de mal olor, y las hojas casi como de nogal. De los ramos deste árbol cuelgan las cañas fístolas, luengas, redondas y medulosas, las cuales, como se van madurando, de coloradas se tornan negras. Divídese su pulpa de trecho en trecho, por razón de ciertas escamas que en su concavidad se atraviesan, entre las cuales está una simiente durísima dentro de la pulpa, y es de ningún provecho; solo sirve para tantos a los que juegan a los naipes. Cuando estas cañas son agitadas del viento, sacudiéndose unas con otras, hacen gran ruido y estruendo. Escógese por buena la gruesa, la lucia, la fresca, la llena y la notablemente pesada. Es la *casia fistula* solutiva, húmida en el grado primero, y entre frío y calor templada, por donde clarifica la sangre, refrena el furor de la cólera y purga ligeramente los humores coléricos y flemáticos, que andan vagamundos por el vientre y el estómago. Esto y lo demás podrás ver en Laguna, sobre Dioscórides, lib. 1, cap. 12» (Cov.).

[126] *zarzaparrilla*: era usada como medicina contra la sífilis. Comp. Acosta, *Historia natural y moral*, p. 267: «La *zarzaparrilla* no es menos conocida, para mil achaques: vinieron cincuenta quintales en la dicha flota de la misma isla. En el Pirú hay desta zarzaparrilla mucha y muy excelente en tierra de Guayaquil, que está debajo de la Línea. Allí se van muchos a curar, y es opinión que las mismas aguas simples que beben les causan salud por pasar por copia destas raíces, como está arriba dicho».

[127] *andirova*: árbol de la familia de las meliáceas, común en los bosques tropicales húmedos.

[128] *copaiba*: *copaifera paupera*; es árbol originario de América del Sur, abundante en Brasil, Perú, Colombia... El bálsamo de copaiba contiene un aceite esencial y

mil géneros de hierbas y árboles de particularísimos efectos y hay aún por descubrir otras muchas que pudiera salir segundo Dioscórides y tercero Plinio[129] y todos tuvieran bien que hacer en averiguar sus propriedades.

- NÚMERO XXXI

Maderas y aderezo para navíos

Los árboles en este río son sin número, tan altos que se suben a las nubes, tan gruesos que pone espanto: cedro medí con mis manos de treinta palmos de circuito.

Son todos por la mayor parte de tan buenas maderas que no se pueden desear mejores, porque son cedros, ceibos, palo hierro, palo colorado[130] y otros muchos reconocidos ya en aquellas partes y experimentados por los mejores del mundo para fabricar embarcaciones; las cuales en este río, mejor y con menos costo que en parte ninguna, se podrán acabadas y perfectas echar al agua, sin que se necesite de nuestra Europa sino solo hierro para la clavazón.

Porque aquí, como digo, están las maderas a pedir de boca. Aquí la jarcia[131] tan fuerte como la de cáñamo, de ciertas cortezas de árboles,

---

una resina de poder cicatrizante. Comp. Chantre, 1901, p. 99: «La copaúva, que es el sánalo todo en punto de cirugía, se destila de unos árboles muy altos y duros, por las hendeduras de ciertos tumores sobresalientes del tronco [...] Sirve este bálsamo para toda herida, no solo reciente, pero aun envejecida».

[129] *Dioscórides, Plinio*: se refiere a los famosos tratados de Pedacio Dióscorides Anazarbeo, acerca de las plantas medicinales y venenos, y la *Historia natural* de Plinio, ambos universalmente conocidos.

[130] *cedros, ceibos, palo hierro, palo colorado*: los árboles llamados cedros en América son especie diferente del cedro; con ceibos no estamos seguros si se refiere al ceibo o a la ceiba (especie esta de mucha mayor altura y dimensión que la primera, con ejemplares que pueden alcanzar 70 metros de altura); el palo hierro es una madera dura, tal como lo indica su nombre, de color rojo oscuro; el palo colorado una planta mirtácea (*blepharocalyx cruckhanksii*). Comp. *Descubrimiento del río*, pp. 331-332: «Las especies de árboles son muchas: cedros, ceibos y otros de grandísimo grueso. Hay en algunas orillas palo de campeche, granadillo y palo colorado que parece brasil».

[131] *jarcia*: aparejos y cabos de un navío; comp. *Descubrimiento del río*, p. 332: «árboles de palmas, de que se puede hacer jarcia tan fuerte como de cáñamo».

de que se hacen amarras que solas ellas sustentan las naos en tormentas deshechas[132]; aquí la pez y brea tan perfecta como la arábiga; aquí el aceite, así de árboles como de pescados, para darla punto y templar su dureza; aquí se saca estopa excelente, que llaman embira[133], que para calafetear las naos y juntamente para cuerda de arcabuz no se conoce otra mejor; aquí el algodón para el velambre es la semilla que mejor producen los campos; y aquí finalmente está la multitud de gente que después diremos, con que no falta nada para fabricar cuantos galeones se quisieren poner en astillero.

- NÚMERO XXXII

Cuatro géneros de cosas provechosas que hay en este río

Hay en este gran río de las Amazonas cuatro géneros que cultivados serán sin duda suficientes para enriquecer no a uno sino a muchos reinos, de los cuales es el primero maderas, que fuera de haber muchas de tanta curiosidad y estima como el mejor ébano, hay tantas de las comunes para embarcaciones que juntamente se podrán sacar para otras partes, seguros siempre de que por muchas que se saquen, jamás se podrán agotar.

El segundo género es el del cacao, de que están sus orillas tan llenas que algunas veces las maderas que para el alojamiento de todo el ejército se cortaban, apenas eran otras que las de los árboles que producen este tan estimado fruto en la Nueva España y en donde quiera que saben qué cosa es chocolate[134]; el cual, beneficiado, es de tanto prove-

---

[132] *tormentas deshechas*: «Borrasca, temporal o tormenta deshecha. Modos de hablar con que se expresa una furiosa y peligrosa tempestad o tormenta» (*Aut*).

[133] *embira*: *funifera brasiliensis*. De la parte interior de la corteza se sacan unas fibras con las que se fabrican estopa y cuerdas.

[134] *chocolate*: comenta Acosta, *Historia natural y moral*, p. 251: «El principal beneficio deste cacao es un brebaje que llaman *chocolate*, que es cosa loca lo que en aquellas tierras le precian; y algunos, que no están hechos a él, les hace asco porque tiene una espuma arriba y un borbollón como de heces, que cierto es menester mucho crédito para pasar con ello. Y en fin es la bebida preciada y con que convidan, a los señores que vienen o pasan por su tierra, los indios. Y los españoles —y más las españolas— hechas a la tierra se mueren por el negro chocolate. Este sobredicho chocolate dicen que hacen en diversas formas y temples: caliente y fresco, y

cho que a cada pie de árbol corresponde de renta todos los años, horros[135] de todos gastos, ocho reales de plata, y vese bien con cuán poco trabajo se cultivarían estos árboles en este río, pues sin ningún beneficio del arte, sola la naturaleza les llena de abundantes frutos.

El tercer género es el tabaco, de que se halla gran cantidad y muy crecido entre todos los moradores de sus riberas y si se cultivase con el cuidado que pide esta semilla, sería de los mejores del mundo, porque a juicio de los que lo entienden, la tierra y temples es todo lo que se puede desear para grandiosas cosechas.

Las mayores que, a mi ver, se debieran entablar en este río son las del azúcar, que es el cuarto género, que como más noble, más provechoso, más seguro y de mayores acrecentamientos para la corona real, y más en tiempos que tanto ha caído el trato del Brasil, se debiera tomar más a pechos y procurar luego a los principios entablar muchos ingenios[136] que en breve tiempo restaurasen las pérdidas de aquella costa. Para lo cual no fuera menester ni mucho tiempo ni mucho trabajo ni (lo que hoy más se recela) mucha costa, pues la tierra para caña dulce es la más famosa que hay en todo el Brasil, como lo podemos atestiguar los que habemos corrido aquellas partes, porque es toda ella un mazapé[137] continuado, que es por lo que los labradores de estas plantas se desvelan y con las inundaciones del río, que nunca duran sino pocos días, quedan tan fertilizadas, que antes se puede temer el demasiado vicio[138]. Y no será nuevo en aquella tierra llevar caña dulce, pues por todo este dilatado río, desde sus primeros principios, siempre la fuimos

templado. Usan echarle especias y mucho *chili*; también le hacen en pasta. Y dicen que es pectoral y para el estómago, y contra el catarro».

[135] *horros*: libres de gastos.

[136] *ingenio*: «Las mismas máquinas inventadas con primor llamamos ingenios, como el ingenio del agua, que sube desde el río Tajo hasta el alcázar, en Toledo, que fue invención de Janelo, segundo Arquímedes. También llaman ingenio el modo de sacar el azúcar de las cañas, que decimos el ingenio del azúcar» (Cov.). Comp. Gonzalo Fernández de Oviedo, *Sumario*, cap. 2: «En aquella isla hay muchos y muy ricos ingenios de azúcar, la cual es muy perfecta y buena y tanta que las naos vienen cargadas della cada un año».

[137] *mazapé*: capa de barro endurecido en el subsuelo. Una cerámica característica de La Gomera se hace con barro mazapé.

[138] *vicio*: lozanía, frondosidad. Comp. lo que dice Cov. acerca del repollo o berza: «comúnmente la llamamos repollo murciano, porque en Murcia suele crecer más viciosa que en otra parte de España».

encontrando, que parece daba desde entonces muestras de lo mucho que después multiplicará, cuando se quieran hacer ingenios para labrarla. Estos serían de muy poco costo, por tener, como dije, las maderas a la mano y el agua en abundancia, y solo se necesitarían cobres[139] que con mucha facilidad contribuyera nuestra España, codiciosa del buen retorno que por ellos había de recebir.

- NÚMERO XXXIII

De otros géneros de estima que aquí se hallan

No solo estos géneros podían prometerse en este Nuevo Mundo descubierto con que enriquecer a todo el orbe, sino también otros muchos, que aunque de menor cuantía no dejarían de ayudar con su cornadillo[140] al aumento de la corona real, como son el algodón, que se coge en abundancia; el urucú[141], que es con lo que tienen perfecto colorado, que los estranjeros estiman grandemente; la cañafístola; la zarzaparrilla; los aceites que compiten con los mejores bálsamos en el efeto de curar heridas; las gomas y resinas olorosas; la pita de que se saca el más estimado hilo, de que hay grande abundancia; y otros muchos que cada día ha de ir sacando a luz la necesidad y la codicia.

- NÚMERO XXXIIII

Riquezas de este río

No trato de las muchas minas de oro y plata de que se tiene noticia en lo descubierto y que se descubrirán forzosamente en adelante, que si mi juicio no me engaña han de ser más y más ricas que todas las del Perú, aunque entren en ellas las del afamado cerro de Potosí[142].

---

[139] *cobres*: recipientes para la fabricación del azúcar en los ingenios.
[140] *cornadillo*: «Cornado fue antiguamente una moneda muy baja de ley» (Cov.). Comp. *Quijote*, I, 17: «A lo cual Sancho respondió que, por la ley de caballería que su amo había recebido, no pagaría un solo cornado aunque le costase la vida».
[141] *urucú*: es el pimentón o achiote; exactamente la planta *bixa orellana*.
[142] *Potosí*: Potosí es mención muy reiterada a propósito de las riquezas de las Indias. Comp. *Quijote*, II, 71: «el tesoro de Venecia, las minas del Potosí, fueran

Y no digo esto al aire y sin fundamento, llevado solo, como pensará alguno, de la afición que muestro a engrandecer este río, sino estribando en la razón y en la experiencia: esta la tengo del oro que en algunos indios de este río encontramos y de las noticias que dieron de sus minas; aquella me obliga a formar este argumento. El río de las Amazonas recibe en sí las vertientes todas de las tierras más ricas de la América, pues por la banda del sur desaguan en él caudalosos ríos, que deciendé de cerca de Potosí unos, otros de Guánuco, cordillera que se avecinda a la ciudad de Lima, del Cuzco otros y otros de Cuenca y Jíbaros[143], que es la tierra más rica de oro que hay en lo descubierto. De suerte que por esta parte cuantos ríos, cuantos manantiales, cuantos arroyos, cuantas fuentecillas vierten en el océano en espacio de seiscientas leguas, que hay desde Potosí a Quito, todos rinden vasallaje y pagan parias a este río, como también lo hacen todos los que bajan del Nuevo Reino de Granada, no inferior en oro a todos los demás.

Si este río, pues, es la calle mayor y el principal camino por donde se sube a las mayores riquezas del Perú, bien puedo afirmar que es el principal dueño de todas, fuera de que si el Lago Dorado[144] tiene el oro que la opinión le atribuye; si las amazonas habitan, como atesti-

poco para pagarte». Ver el lib. I, cap. 4 de *El Marañón*, donde hay muchos datos sobre Potosí. Acosta le dedica varios capítulos en *Historia natural y moral*: ver lib. IV, caps. 6, 7, 8 especialmente.

[143] *Cuenca y Jíbaros*: comp. *Nuevo descubrimiento del río Marañón*, p. 282: «entrar a la reducción y pacificación de la provincia de los jíbaros, que se iba a hacer a la ciudad de Cuenca».

[144] *Dorado*: el mito del hombre dorado y la laguna dorada fue uno de los más poderosos de la conquista. Ver Francisco Vázquez en *Relación verdadera de todo lo que ocurrió en la jornada de Omagua y Dorado*, y Aguilar y Córdoba en *El Marañón*. Comp. *Nuevo descubrimiento del río Marañón*, p. 266: «había tenido noticias que en medio de aquellos reinos estaba el Dorado y la casa del Sol, y que si bajasen por nuestro río darían en aquellas grandezas». Acosta, *Historia natural y moral*, p. 182: «Y esto fue cuando se hizo la entrada o descubrimiento por el gran río de las Amazonas o Marañón por Pedro de Ursúa, y después otros que le sucedieron; y, creyendo que el Dorado que buscaban estaba adelante, no quisieron poblar allí: y después se quedaron sin el Dorado (que nunca hallaron) y sin aquella gran provincia que dejaron». Sobre la búsqueda de El Dorado ver por ejemplo María Teresa Pérez, 1989, pp. 72 y ss.

guan muchos, entre las mayores riquezas del orbe; si los tocantines[145] en piedras de precio y abundancia de oro son tan afamados del francés; si los omaguas[146] con sus haberes alborotaron al Perú y despachó luego un virrey con grueso ejército a Pedro de Orsúa en busca de ellos, en este gran río está todo encerrado: aquí el Lago Dorado, aquí las amazonas, aquí los tocantines y aquí los ricos omaguas, como adelante se dirá. Y aquí finalmente está depositado el inmenso tesoro que la Majestad de Dios tiene guardado para enriquecer con él a la de nuestro gran rey y señor Filipo Cuarto.

- NÚMERO XXXV

Son cuatro mil leguas de circuito lo descubierto

Tiene de circuito este dilatado imperio, según buena cosmografía, al pie de cuatro mil leguas y no pienso que me alargo mucho, porque si solo de longitud, medidas con cuidado, tiene mil y trecientas y cincuenta y seis, y conforme a Orellana, que fue el primero que le navegó, mil y ochocientas, y por cada río que en él entra de una y otra banda, según buenas informaciones de los naturales que pueblan sus bocas, en más de docientas leguas por cada banda y por muchas partes, ni aun en más de cuatrocientas nunca se sale a población de españoles, encontrando siempre naciones diferentes, fuerza es que le concedamos de anchura por lo menos cuatrocientas leguas en lo más estrecho, que con las mil y trecientas y cincuenta y seis, o según Orellana mil y ochocientas de longitud, le darán de circuito según buena aritmética muy pocas menos de las cuatro mil que ya dije.

---

[145] *tocantines*: indios de las riberas del río del mismo nombre, afluente del Amazonas.

[146] *omaguas*: tribu de la Amazonia, que siempre se relacionó con el mito de el Dorado. Los omaguas habitaron el cauce medio del Amazonas. La primera mención de su existencia la hicieron los miembros de la expedición de Orellana. La llegada de los indios brasiles alentó la formación de una expedición en su búsqueda, asociando su riqueza con la del mítico El Dorado. Remitimos de nuevo al título del relato de Vázquez *Relación verdadera de todo lo que ocurrió en la jornada de Omagua y Dorado*.

- NÚMERO XXXVI

Multitud de gente y de diferentes naciones

Todo este Nuevo Mundo, llamémosle así, está habitado de bárbaros en distintas provincias y naciones, de las que puedo dar fe, nombrándolas con sus nombres y señalándolas sus sitios, unas de vista y otras por informaciones de los indios que en ellas habían estado.

Pasan de ciento y cincuenta, todas de lenguas diferentes, tan dilatadas y pobladas de moradores como las que vimos por todo este camino, de que después diremos.

Están tan continuadas estas naciones, que de los últimos pueblos de las unas, en muchas de ellas se oyen labrar los palos en las otras, sin que vecindad tanta les obligue a hacer paces, conservando perpetuamente continuas guerras, en que cada día se matan y cautivan innumerables almas; desagüe ordinario de tanta multitud, sin el cual ya no cupieran en toda aquella tierra. Pero, aunque entre sí se muestran belicosos y de bríos, ningunos tienen para con el español, como se notó en todo el viaje, en que jamás bárbaro se atrevió a usar contra los nuestros de otra defensa de la que de ordinario están los cobardes prevenidos, que es la huida que tienen muy a la mano, por navegar en unas embarcaciones tan ligeras, que en abordando a tierra las cargan en los hombros y arrojándose con ellas a un lago de los muchos que el río tiene, dejan burlado a cualquier enemigo que con su embarcación no pueda hacer otro tanto.

- NÚMERO XXXVII

Armas que usan los indios

Sus armas son, en unos, azagayas[147] medianas y dardos labrados de maderas fuertes, bien aguzadas todas las puntas, que tiradas con destreza pasan con facilidad al enemigo.

En otros, son estólicas[148], arma en que los guerreros del Inga, gran rey del Perú, eran muy diestros; son estas estólicas unos palos tableados

---

[147] *azagaya*: «Lanza pequeña arrojadiza; es nombre arábigo, del verbo *cegaie*, que vale arrojar» (Cov.).

[148] *estólicas*: «Las armas que usan son dardos como los de Vizcaya, con puntas de palma muy agudas, los cuales tiran con un género de amiento que llaman estólica»

de una vara de largo y tres dedos de ancho, en cuyo remate, a la parte de arriba, fijan un diente de güeso en que hace presa una flecha de nueve palmos, con la punta también de güeso o de palo muy fuerte, que labrada en forma de arpón queda como garrocha, pendiente de aquel a quien hiere. Esta cogen en la mano derecha, en que tienen la estólica por la parte inferior, y fijándola en el diente superior, la disparan con tan gran fuerza y acierto que a cincuenta pasos no yerran tiro.

Con estas armas pelean; con estas flechan la caza; y con estas son señores de cualquier pescado, por más que se les quiera ocultar entre las ondas; y lo que más admira, con estas clavan las tortugas cuando huyendo de ser reconocidas, solo de cuando en cuando y por un muy breve espacio muestran la cabeza encima de las aguas, atravesándolas el cuello, que es solo en lo que por estar libre de las conchas se puede hacer el tiro.

Usan también para su defensa de rodelas, que hacen de cañas bravas[149] hendidas por medio y tejidas apretadamente unas con otras, que aunque son más ligeras, no son tan fuertes como las otras que ya dije, de cuero de pejebuey.

Algunas de estas naciones usan de arco y flecha, arma que entre todas las demás es siempre respetada por la fuerza y presteza con que hiere. Abundan de hierbas venenosas, de que hacen en algunas naciones una ponzoña tan eficaz que, enherboladas[150] con ella las flechas, en llegando a sacar sangre quitan juntamente la vida.

(*El Marañón*, lib. I, cap. 8); Vázquez, *Relación verdadera de todo lo que ocurrió en la jornada de Omagua y Dorado*, p. 168: «sus armas son una manera de varas con puntas de palmar del tamaño de los dardos de Vizcaya, tíranlas con una manera de amiento de palo, que las hay en la mayor parte de las Indias, y las llaman tiraderas de estólica». Acto seguido Acuña las describe con detalle. Las tiraderas de palo las describe con bastante claridad el Inca Garcilaso en *La Florida del Inca* (p. 549): «un arma que los castellanos llaman en Indias tiradera, que más propiamente la llamaremos bohordo, porque se tira con amiento de palo o de cuerda [...] es un arma de una braza en largo de un junco macizo, aunque fofo por de dentro, de que también hacen flechas [...] El amiento es de palo, de dos tercias en largo, con el cual tiran el bohordo con grandísima pujanza». Otra descripción de las estólicas en Chantre, 1901, p. 88.

[149] *caña brava*: gramínea muy dura que se usa para hacer tabiques y sostener tejados, y en este caso, tejidas para hacer escudos.

[150] *enherboladas*: untadas con veneno; Cov. *s. v. cabra*: «siendo herida de las flechas de los cazadores busca esta hierba, y con ella echa luego fuera el casquillo de

- NÚMERO XXXVIII

Su comercio es por el agua en canoas

Todos los que viven a las orillas de este gran río están poblados en grandes poblaciones, y como venecianos o mejicanos todo su trato es por agua, en embarcaciones pequeñas que se llaman canoas; estas de ordinario son de cedro, de que la providencia de Dios les proveyó abundantemente, sin que les cueste trabajo de cortarlos, ni sacarlos del monte, inviándoselos con las avenidas del río, que para suplir esta necesidad los arranca de las más distantes cordilleras del Perú y se los pone a las puertas de sus casas, donde cada uno escoge lo que más a cuento le parece.

Y es de admirar ver que entre tanta infinidad de indios, que cada uno necesita por lo menos para su familia de uno o dos palos, de que labre una o dos canoas, como de hecho las tienen, a ninguno le cuesta más trabajo que saliendo a la orilla echarle un lazo cuando va pasando y amarrarle a los mismos umbrales de sus puertas, donde queda preso hasta que habiendo ya bajado las aguas y aplicando cada uno su industria y trabajo, labra la embarcación de que tiene necesidad.

la saeta enherbolada y sana de la herida». La palabra *hierba* en este sentido está lexicalizada y no se refiere necesariamente a una hierba. Hay una buena receta de la hierba en *La crónica del Perú*, de Cieza de León, capítulo VII titulado «De cómo se hace la hierba tan ponzoñosa con que los indios de Santa Marta y Cartagena tantos españoles han muerto»: «Esta hierba es compuesta de muchas cosas, las principales yo las investigué y procuré saber en la provincia de Cartagena [...] junto a los árboles que llamamos manzanillos cavaban debajo la tierra, y de las raíces de aquel pestífero árbol sacaban aquellas, las cuales queman en unas cazuelas de barro, y hacen de ellas un pasta, y buscan unas hormigas tan grandes como un escarabajo de los que se crían en España [...] También buscan para hacer esta mala cosa unas arañas muy grandes y asimismo le echan unos gusanos peludos [...] Hácenla también con las alas del murciélago y la cabeza y cola de un pescado pequeño que hay en el mar que ha por nombre peje tamborino, de muy gran ponzoña, y con sapos y colas de culebras, y unas manzanillas que parecen en el color y olor naturales de España [...] Otras hierbas y raíces también le echan a esta hierba».

- NÚMERO XXXIX

Las herramientas que usan

Las herramientas de que usan para labrar, no solo sus canoas, sino sus casas y lo demás que han menester, son hachas y azuelas, no fraguadas por buenos oficiales en las herrerías de Vizcaya, sino forjadas en las fraguas de sus entendimientos, teniendo por maestra, como en otras cosas, a la necesidad. Esta les enseñó a cortar del casco más fuerte de la tortuga, que es la parte del pecho, una plancha de un palmo de largo y algo menos de ancho, que curada al humo y sacándola el filo en una piedra, la fijan en su astil, y con ella como con una buena hacha, aunque no con tanta presteza, cortan lo que se les antoja.

De este mismo metal hacen las azuelas, sirviéndoles de cabo[151] para ellas una quijada de pejebuey, que la naturaleza formó con su vuelta a propósito para el efecto.

Con estas herramientas labran tan perfectamente no solo sus canoas sino también sus mesas, tablas, asientos y otras cosas como si tuvieran los mejores instrumentos de nuestra España.

En algunas naciones son estas hachas de piedra, que labrada a poder de brazos, la adelgazan de suerte que con menos recelos de quebrarse y más en breve que con las otras de tortuga, cortan cualquier árbol por grueso que sea.

Sus escoplos, gubias y cinceles para obras delicadas, que las hacen con gran primor, son dientes y colmillos de animales, que encavados en sus palos no hacen menos bien su oficio que los de fino acero.

Casi todos tienen en sus provincias algodón, unos más, otros menos, pero no todos le aprovechan para vestirse de él, mas antes los más andan desnudos, así hombres como mujeres, sin que la vergüenza natural les obligue a no querer parecer que están en el estado de la inocencia[152].

---

[151] *cabo*: mango.
[152] *estado de la inocencia*: en el estado de inocencia, antes del pecado original, Adán y Eva iban desnudos. Todo el pasaje significa que iban desnudos sin sentir vergüenza que les obligara a vestirse para no parecer que estaban en el estado de inocencia (o sea, para no ir desnudos).

- NÚMERO XL

De sus ritos y dioses que adoran

Los ritos de toda esta gentilidad son casi en general unos mesmos: adoran ídolos que fabrican con sus manos, atribuyendo a unos el poder sobre las aguas, y así les ponen por divisa un pescado en la mano; a otros escogen por dueños de las sementeras, y a otros por valedores en sus batallas.

Dicen que estos dioses bajaron del cielo para acompañarlos y hacerlos[153] bien: no usan de alguna ceremonia para adorarlos, mas antes les tienen olvidados en un rincón hasta el tiempo que los han menester, y así, cuando han de ir a la guerra, llevan en la proa de las canoas el ídolo en quien tienen puestas las esperanzas de la vitoria, y cuando salen a hacer sus pesquerías echan mano de aquel a quien tienen entregado el dominio de las aguas; pero ni en unos ni en otros fían tanto que no reconozcan puede haber otro mayor. Colijo esto de lo que nos sucedió con uno de estos bárbaros, si bien este no lo mostraba ser en la agudeza de su discurso, el cual habiendo oído algunas cosas del poder de nuestro Dios y visto por sus ojos que subiendo el río arriba nuestro ejército y pasando por medio de tantas naciones tan belicosas, volvía sin recibir daño de ninguna, lo cual juzgaba era fuerza y poder del Dios que le regía, llegó con grandes ansias a pedir al capitán mayor y a nosotros que en pago del hospedaje y buen agasajo que nos hacía no quería otra merced sino que le dejásemos allí un dios de los nuestros, que como tan poderosos en todo le guardase a él y a sus vasallos en paz y con salud, y juntamente les pudiese acudir con el necesario mantenimiento de que necesitaban. No faltó quien le quisiese consolar con dejar en su pueblo enarbolado el estandarte de la Cruz, cosa que acostumbran hacer los portugueses entre estos gentiles, no con tan buen celo como la acción muestra de suyo, sirviéndoles el Sacrosanto Palo de la Cruz levantado en alto de título y capa[154] para colorear sus mayores injusticias, como son las continuas esclavitudes de los pobrecitos

---

[153] *hacerlos*: loísmo.
[154] *capa*: pretexto, apariencia, disimulo, tapadera…Ver la anécdota que narra a continuación, en la que los portugueses usan la cruz para provocar una represión y cautiverio que les permita esclavizar a los indios con falsas justificaciones.

indios, que como mansos corderos los llevan en rebaños a sus casas para vender los unos y servirse con rigor de los otros.

Levantan pues, como digo, estos portugueses la Santa Cruz, y en pago del buen recebimiento de los naturales que en sus pueblos les hacen, la fijan en lo más levantado del lugar, diciéndoles que la han de conservar siempre intacta. Sucede por algún acontecimiento o que la Cruz con el tiempo se cayó y deshizo, o que maliciosamente ellos, por ser gentiles y no reconocer estima en ella la derribaron, con que luego les dan los portugueses la sentencia y los condenan a todos los de aquel pueblo por esclavos perpetuos, no solo por su vida, sino para todos sus descendientes. Por esta causa no consentí yo que se levantase la Santa Cruz, y juntamente por no dar al bárbaro que nos pedía un dios ocasión de idolatrar, atribuyendo a aquel madero el poder y deidad del que en él nos redimió, si bien le consolé con asegurarle que nuestro Dios le haría siempre compañía, que le pidiese lo que había menester y fiase de él, que algún día le traería a su verdadero conocimiento. Bien persuadido estaba este indio de que no eran sus dioses los más poderosos de la tierra, pues quería libremente le dejasen otro mayor a quien obedecer.

• NÚMERO XLI

Un indio se hacía dios

Del mismo parecer que el pasado, aunque de mayor malicia, se mostró otro bárbaro, el cual no reconociendo poder ni deidad en sus ídolos, él mesmo se hacía dios de toda aquella tierra. De este tuvimos algunas leguas antes de llegar a su habitación noticia, y despachándole nueva de que se la traíamos del verdadero Dios y más poderoso que no él, le rogamos nos esperase a pie quedo. Hízolo así, y apenas llegaron nuestras embarcaciones a tomar puerto en sus riberas cuando codicioso de saber del nuevo Dios salió en persona a preguntar por él. Pero aunque se le declaró quién era, como no le pudo ver con sus ojos, quedose en su ceguera, haciéndose hijo del sol, adonde con el espíritu afirmaba ir todas las noches para mejor disponer al día siguiente del universal gobierno que le incumbía. Tal era la malicia y soberbia de este bárbaro.

Mejor discurso y entendimiento mostró otro, que preguntado por qué causa estando sus compañeros retirados en el monte, recelosos de la vecindad de los españoles, él solo con algunos sus parientes salía tan sin temor a meterse en sus manos, respondió que consideraba que gente que había subido una vez por medio de tantos enemigos y volvía a bajar sin lesión alguna, no era posible menos sino que como señores de todo este gran río tornasen una y muchas veces a navegarle y poblarle, y que habiendo de ser esto así, no quería andar siempre sobresaltado a sombra de tejado[155], sino salir desde luego a reconocer de grado por amigos a los que los demás habrían de recebir por fuerza. Discurso bueno y que permitirá la majestad de Dios le veamos algún día puesto en ejecución.

- NÚMERO XLII

De los hechiceros que hay

Prosiguiendo con el hilo de nuestra historia y volviendo a los ritos de estas naciones, es para notar la grande estima en que todas tienen a sus hechiceros, no tanto por amor que les muestren como por el recelo con que siempre viven de los daños que les pueden hacer.

Tienen para que usen de sus supersticiones y hablen con el demonio, que les es muy ordinario, una casa que solo sirve de esto, donde con cierto género de veneración, como si fueran reliquias de santos, van recogiendo todos los güesos de los hechiceros que mueren, los cuales tienen colgados en el aire, en las mesmas hamacas en que ellos dormían en vida. Estos son sus maestros, sus predicadores, sus consejeros y sus guías, a estos acuden en sus dudas para que se las declaren, y de estos necesitan en sus mayores enemistades para que les den hierbas venenosas con que tomar venganza de sus enemigos.

En el enterrar sus difuntos son varios entre sí, porque unos los tienen dentro de sus mesmas casas, teniendo siempre en todas las ocasiones presente la memoria de la muerte, que si con este fin lo hiciesen las tendrían sin duda más ajustadas. Otros en hogueras grandes no solo queman los cadáveres, sino juntamente con ellos cuanto poseyeron en vida. Y así los unos como los otros celebran sus exequias por muchos días con continuos llantos interrumpidos con grandes borracheras.

---

[155] *a sombra de tejado*: encubierto, oculto, a escondidas; se suele usar con el verbo *andar* (*DRAE*).

- NÚMERO XLIII

Son estos indios de apacibles naturales

Es a una mano toda esta gentilidad de buena disposición, bien agestados[156] y de color no tan tostado como los del Brasil.

Tienen buenos entendimientos y raras habilidades para cualquiera cosa de manos.

Son mansos y de apacibles naturales, como se experimentaba con los que una vez nos salían al encuentro, que con gran confianza conversaban, comían y bebían entre los nuestros, sin jamás recelarse de nada. Dábannos sus casas en que vivir, recogiéndose ellos todos juntos en una o dos de las mayores del pueblo, y con recebir infinitos agravios de nuestros indios amigos, sin que fuese posible el evitarlos, nunca correspondían con malas obras. Todo lo cual, junto con la poca afición y muestras que dan de ella de todo lo tocante al culto de sus dioses prometen grandes esperanzas de que si se les diese noticia del verdadero criador de cielos y tierra, con poca dificultad abrazarían su santa ley.

- NÚMERO XLIV

Trátase en especial de las cosas del río y de sus entradas

Hablado he hasta aquí en general de todo lo tocante a este gran río de las Amazonas. Razón será ya ir descendiendo en particular a declarar sus entradas, a nombrar sus puertos, averiguar las aguas de que se alimenta, desentrañar sus tierras, señalar sus alturas, notar las propriedades de sus naciones; y finalmente no dejar cosa digna de saberse, que como testigo de vista y persona inviada de su majestad a solo a hacer inquisición de todo podré quizá mejor que otros dar con bastantes fundamentos razón de lo que tomé a mi cargo.

---

[156] *bien agestados*: de gestos (rostros) bien parecidos, hermosos. Comp. Cov.: «Gesto. El rostro y la cara del hombre [...] Mal agestado, de mala cara»; *El Marañón*, lib. I, cap. 8: «Los naturales desta isla es gente bien agestada y dispuesta»; Acosta, *Historia natural y moral*, p. 323: «el demonio en cuya veneración las hacían gustaba de hacerse adorar en figuras mal agestadas».

No trato aquí de la principal entrada de este río por el mar océano en las costas del gran Pará, que esa ha ya muchos tiempos que como conocida, y que cae debajo de la línea equinocial en los últimos fines del Brasil, es cursada y sabida de todos lo que quieren navegar a aquellas partes.

Ni tampoco hago mención de propósito de la por donde el tirano Lope de Aguirre salió en frente de la Trinidad, por ser esa transversal y que derechamente no se entra por ella a este río, sino que teniendo a otros por madre principal, de lance en lance, se viene a dar en brazos, que de él derivan su origen.

Solo es mi intento sacar en limpio y señalar como con el dedo todas las puertas por donde de las partes del Perú pueden los moradores de aquellas conquistas tener entrada cierta a este gran río, al cual, como ya dije, por la una y otra banda de sus riberas lo comunican a otro mucho número de otros muy caudalosos, por cuyas corrientes es fuerza quien las siguiere que venga a dar en este principal, pero como de cierto no se sabe de qué ciudades o provincias traigan sus primeros principios, no se puede tampoco tratar cosa fija de sus entradas.

Pero podré yo hacer de algunas ocho en que ningún versado en aquellas tierras podrá dificultar: tres de estas caen hacia la banda del Nuevo Reino de Granada, que está en este río a la parte del norte; a la del sur veremos otras cuatro, y una debajo de la mesma línea equinocial.

- NÚMERO XLV

De tres entradas que hay por el Nuevo Reino

La primera entrada que por la parte que cae al Nuevo Reino de Granada está descubierta para este inmenso piélago de aguas dulces, es por la provincia de Micóa[157], que pertenece al gobernador de Popayán[158], siguiendo las corrientes del gran río Caquetá, que es el dueño y

---

[157] *Micoá*: o Mocoa, en el gobierno de Popayán. La localización en Popayán asegura la identificación de los dos topónimos. Ya se ha anotado Mocoa.

[158] *Popayán*: comp. *Nuevo descubrimiento del río Marañón*, p. 251: «provincia de los sucumbíos y mocoa, gobierno de Popayán». Comp. Chantre, 1901, p. 40: «más de ciento y veinte leguas de Quito está la ciudad de Popayán, cabeza de gobierno y obispado».

señor de todas las vertientes que de parte de Santa Fe de Bogotá, Timaná y el Caguán[159] se le allegan; muy afamado entre los naturales por las grandes provincias de gentiles que sustentan sus orillas.

Este río tiene muchos brazos por dilatadas naciones y volviéndolos a incorporar en el principal, hace gran multitud de islas, habitadas todas de infinitos bárbaros. Corre siempre por el rumbo del de las Amazonas, acompañándole, aunque a lo largo y echando en él de cuando en cuando algunos brazos, que pudiera bien ser cada uno cuerpo de cualquiera otro caudaloso río; hasta que, recogiendo todas sus fuerzas, en altura de cuatro grados, pecho por tierra se le rinde.

Por uno de estos brazos que más se avecinda a la provincia de los aguas[160] de cabeza chata es por donde se ha de salir a gozar de las grandezas de nuestro gran río de las Amazonas, porque al que se dejare llevar de los que más se inclinan a la banda del norte sucederle ha lo que los años pasados al capitán Fernán Pérez de Quesada[161], que habiendo entrado por este río con trecientos hombres, y dejándose llevar a la parte de Santa Fe, dio en la provincia del Algodonal[162], y con ir tan reforzado de gente, le fue fuerza retirarle con más priesa de la que había llevado en la entrada.

La segunda puerta, que por la parte del norte podemos señalar a este río, es por la ciudad de Pasto[163], juridición también del gobierno

---

[159] *Santa Fe de Bogotá, Timaná y el Caguán*: Santa Fe de Bogotá es el nombre completo de la capital de la actual Colombia; la quebrada de Timaná se sitúa al noroeste de Bogotá; el Caguán es un afluente del río Caquetá, como ya se ha anotado.

[160] *aguas*: o aguanatios, del grupo omagua; comp. *Nuevo descubrimiento del río Marañón*, p. 288: «una provincia de infieles que se llaman aguanatios y son también omaguas, de cabezas chatas». Ver núm. LI.

[161] *Fernán Pérez de Quesada*: hermano de Gonzalo Jiménez de Quesada, el fundador de Santa Fe de Bogotá; en 1538 participó en la campaña de Nueva Granada con su hermano.

[162] *Algodonal*: hay muchos topónimos que hacen referencia al cultivo del algodón en toda la región. Esta provincia mencionada se hallaría en los lados de Santa Fe. Para más datos sobre los Algodonales de América ver Víctor Manuel Patiño, *Historia de la actividad agropecuaria en América equinoccial*. Publicación digital en la página web de la Biblioteca Luis Ángel Arango del Banco de la República de Colombia._<http://www.lablaa.org/blaavirtual/humboldt/bio.htm>

[163] *Pasto*: capital del actual estado colombiano de Nariño; fundada en 1539 por Lorenzo de Aldana, se trasladó de lugar el 24 de junio de 1540 a su actual ubicación por Pedro de Puelles, con el nombre de Villaviciosa o San Juan de Pasto. Goza

de Popayán, de donde atravesando la cordillera con algunos inconvenientes de mal camino de a pie (que de a caballo es imposible) llegando al Putumayo[164], y navegándole río abajo, se vendrán a salir al de las Amazonas, en altura de dos grados y medio, a las trecientas y treinta leguas del puerto de Napo. Por este mesmo camino, saliendo, como dije, de la ciudad de Pasto, y pasada la cordillera, acercándose a los sucumbíos[165], que están no muy lejos del río llamado Aguarico, por otro nombre Río del Oro[166], se puede salir por él a este principal, casi debajo de la línea, en el principio de la provincia de los encabellados, que es a las noventa leguas del dicho puerto de Napo. Y esta es la tercera entrada que por la parte del norte se puede intentar.

- NÚMERO XLVI

Otras entradas

La puerta que para este gran río está debajo de la equinocial cae en el gobierno de los Quijos, más cercana a Quito, en la ciudad de los Cofanes, de donde por el río de la Coca[167] se coge desde luego la canal principal del nuestro de las Amazonas, si bien por las muchas corrien-

---

de título de «muy noble y muy leal» por real cédula de Felipe II, a 17 de junio de 1559. El Putumayo es el límite este de la región de Pasto. Comp. Chantre, 1901, p. 40: «a sesenta leguas de Quito está la ciudad de Pasto, que es de las grandes de aquel reino, y es entrada para las provincias de Mocoa y Sucumbios...».

[164] *Putumayo*: el Putumayo (en portugués, Içá) nace cerca laguna de la Cocha, en los Andes colombianos y desemboca en el Amazonas en territorio brasileño, a la altura de San Antonio de Ica. En sus inicios es colombiano hasta la confluencia con el Cehembí; desde este punto, hasta la desembocadura del Río San Miguel, es colombo-ecuatoriano; comp. *Nuevo descubrimiento del río Marañón*, p. 251: «navegando por el río llamado Putumayo, uno de los que entran en el grande Napo y tiene su principio en la provincia de los sucumbíos y mocoa».

[165] *sucumbíos*: las expediciones de los franciscanos, desde Quito, pasaban por el pueblo de Écija, en la provincia de los indios sucumbíos, para dirigirse a embarcar en el puerto de la Quebrada, del Putumayo.

[166] *Aguarico, por otro nombre Río del Oro*: comp. *Nuevo descubrimiento del río Marañón*, p. 256: «lo despachó por el río Aguarico, llamado del Oro, por haber en él mucha cantidad».

[167] *Coca*: por este río y el Napo se embarcó Orellana el 26 de diciembre de 1541, en el descubrimiento ya comentado del Amazonas, mientras Pizarro y el resto de la tropa seguía la expedición por vía terrestre.

tes que trae, hasta encontrarse con el de Napo, no es tan buena la navegación como será por las demás partes que participan la banda del sur.

De las cuales, la primera de todas, aunque no la mejor, es por la ciudad de Ávila[168] en el mesmo gobierno de los Quijos, de donde a tres jornadas por tierra se viene a dar en el río Payamino, por donde la armada portuguesa salió a tomar puerto en la juridición de Quito.

Desemboca este río entre el de Napo y la Coca, en aquel paraje que llaman las Juntas de los Ríos, a las veinte y cinco leguas del puerto de Napo.

Mejor puerta abrimos a esta mesma armada, para la vuelta de su viaje, que no la que a la subida, con mucho trabajo y pérdidas había descubierto, que es por la ciudad de Archidona[169], en la gobernación también de los Quijos, y juridición de Quito, de donde a solo un día de camino a pie, por ser invierno, que en tiempo de verano a caballo se pudiera andar, dimos en el puerto de Napo, río caudaloso y en quien los vecinos de todo aquel gobierno tienen librado su tesoro, sacando todos los años de sus orillas el oro que necesitan para sus gastos. Es muy abastecido de pescado y sus riberas de caza; de buenas tierras, que agradecidas a poco trabajo de los labradores rinden colmados frutos.

Y este es el principal camino por donde con más comodidades y menos trabajos podrán bajar al río de las Amazonas todos los que por la provincia de Quito le quisieren navegar. Porque aunque por allá se dice que cerca del pueblo de Ambato[170], que está diez y ocho leguas de la ciudad de Quito, camino de Riobamba[171], hay entrada a un río que

---

[168] *Ávila*: comp. *Nuevo descubrimiento del río Marañón*, p. 269: «llegamos con bien al puerto de Ávila, que está apartado de nuestro gran río dos días de camino por otro río menor [...] Estando en este puerto, que se llama de la Concepción, ya de partida para la ciudad de Ávila, que está a una distancia de tres días de mal camino por tierra, llegó allí el hermano fray Pedro».

[169] *Archidona*: Carvajal confirma el dato y distancias: comp. *Nuevo descubrimiento del río Marañón*, p. 274: «en diez días llegamos a la ciudad de Archidona, en los Quijos, que está un día de camino del puerto de Napo».

[170] *Ambato*: hoy es la capital de la provincia ecuatoriana de Tungurahua. Comp. Chantre, 1901, p. 190: «se determinó de subir en persona a Quito por un camino que se figuraba poder descubrir entre Archidona y Jaén por un río de los que descienden de la jurisdicción de Ambato o Latacunga, entre Quito y Riobamba».

[171] *Riobamba*: la ciudad de Riobamba se fundó el 15 de agosto de 1534 por Diego de Almagro en la antigua Ciudad de Liribamba. Fue la primera ciudad española fundada en tierras de lo que hoy es el Ecuador.

sale a este principal si no la impide algún salto que hagan las corrientes, es muy a propósito esta bajada por venir a salir al dicho río setenta y siete leguas más abajo del puerto de Napo, con que se ahorrara todo el camino de los Quijos.

- NÚMERO XLVII

Otras entradas a este río

Por la parte de la provincia de Macas[172], que cae debajo de la mesma juridición y gobierno, de cuyas sierras baja el río Curaray[173], siguiendo su raudal se puede también salir al de las Amazonas, en altura de dos grados, ciento y cincuenta leguas de Napo, distancia que está bien poblada de diferentes naciones. Y esta es la séptima entrada de este río.

La octava y última es por Santiago de las Montañas[174] y provincia de los mainas[175], tierras que baña uno de los más caudalosos ríos que al de las Amazonas tributan en ellas con nombre de Marañón, y en su boca, y muchas leguas antes, de Tumburagua.

Es este río tal, que más de trecientas leguas de donde en cuatro grados desagua en el principal, se recela su navegación, así por su profun-

---

[172] *Macas*: comp. *Nuevo descubrimiento del río Marañón*, p. 282: «Antonio Carreño se había convenido con los vecinos de la ciudad de los Macas para que con sus indios ayudasen por aquella parte».

[173] *Curaray*: límite de la provincia de los abijiras; comp. *Nuevo descubrimiento del río Marañón*, p. 288: «un río que se llama Curaray, que desemboca y entra en el nuestro por la propia banda del sur, y tendrá de ancho como un cuarto de legua».

[174] *Santiago de las Montañas*: *Nuevo descubrimiento del río Marañón*, pp. 283-284: «tienen los jíbaros por vecinos la ciudad de Cuenca, que estará de ellos distancia de veintiséis leguas, y la ciudad de Zamora, que está otras tantas, y por su cabeza la ciudad de Macas, que estará 30, y en su remate la de Santiago de las Montañas, que estará otras tantas. En este medio están poblados los tales jíbaros»; Chantre, 1901, p. 32: «Hicieron algunos indios varias muertes en la ciudad de Santiago de las Montañas, que pertenece a la provincia de Yaguarzongo».

[175] *mainas*: comp. *Nuevo descubrimiento del río Marañón*, p. 282: «por orden de don Pedro Vaca de la Cadena, gobernador y capitán general de las provincias de los mainas y jeveros, a cuyo cuidado estaba el hacer la conquista y pacificación de los dichos jíbaros». La evangelización de los mainas correspondió a los jesuitas. Ver el libro de Chantre y Herrera, 1901.

didad como por sus precipitadas corrientes; mas con las grandes noticias de los muchos bárbaros que sustenta, mayores dificultades allanan los celosos de la honra de Dios y del bien de las almas, en busca de las cuales entraron a él a los principios del año de mil y seiscientos y treinta y ocho, dos religiosos de mi religión, por los mainas, de quienes tuve muchas cartas en que no acaban de encarecer su grandeza y las innumerables provincias de que cada día iban teniendo mayores noticias. Júntase este río con el principal de las Amazonas a las ducientas y treinta leguas del puerto de Napo.

- NÚMERO XLVIII

Río de Napo

Tiene su origen este tantas veces por mí nombrado río de Napo a las faldas de un páramo que llaman de Antezana[176], que cae diez y ocho leguas de la ciudad de Quito; y aunque tan vecino a la línea es de maravillar que así él, como otros muchos que en varias cordilleras coronan aquellas poblaciones, siempre cubiertos de nieve sirven de templar el calor con que forzosamente, según afirma San Agustín, la tórrida zona[177] había de hacer aquellas tierras inhabitables, quedando con este refrigerio de las más apacibles y templadas de todo lo descubierto.

[176] *Antezana*: «Por frente [Quito] está mirando los páramos de Pinta y Antisana» (Chantre, 1901, p. 6).

[177] *San Agustín, tórrida zona*: según Ptolomeo el mundo se dividía en tres zonas en función de su latitud: ártica, templada y tropical, de las que se derivaban tres tipos principales de clima: glacial, templado y tórrido. Tan solo la zona templada sería habitable. El descubrimiento de América contribuyó a desechar la teoría de la inhabitabilidad de la zona tórrida. San Agustín en el libro 16, cap. 9 de *La ciudad de Dios*, que es el lugar habitualmente aducido a este propósito solo niega la probabilidad de los antípodas porque descendiendo todos los hombres de Adán hubieran tenido que extenderse por todo el mundo, y considera imposible atravesar la inmensidad del océano. José Acosta en la *Historia natural y moral de las Indias* lo comenta adecuadamente en el lib. I, cap. 8. En el capítulo 9 discute la cuestión de la tórrida zona contra las opiniones de Aristóteles y en el 10 aporta otros muchos lugares de los antiguos. Ver por ejemplo, en p. 36: «Hubo, demás de las dichas, otra razón también por la cual se movieron los antiguos a creer que era imposible pasar los hombres de allá a este Nuevo Mundo. Y fue decir que, allende de la inmensidad del Océano, era el calor de la región que llaman *Tórrida* o quemada tan excesivo

Corre este río de Napo desde su nacimiento entre grandes peñascos, con que no es navegable hasta que en el puerto donde los vecinos de Archidona tienen las rancherías de sus indios, más humano y menos bullicioso, consiente sobre sus hombros ordinarias canoas con que se trajina; y aunque desde este sitio, por cuatro o cinco leguas no olvida sus amos, humilde luego hasta incorporarse con el río de la Coca, que es a espacio a veinte y cinco leguas con mucho fondo y gran serenidad, ofrece buen paisaje a mayores embarcaciones.

Y está la Junta de los Ríos donde Francisco de Orellana con los suyos, fabricó el barco con que navegó por este río de las Amazonas.

- NÚMERO XLIX

Aquí mataron al Capitán Palacios

Cuarenta y siete leguas de estas a la banda del sur está Anete[178], población que fue del capitán Juan de Palacios[179], muerto a manos de

que no consentía ni por mar ni por tierra pasar los hombres, por atrevidos que fuesen, del un Polo al otro Polo. Porque, aun aquellos filósofos que afirmaron ser la tierra redonda —como en efecto lo es— y haber hacia ambos Polos del mundo tierra habitable, con todo eso negaron que pudiese habitarse del linaje humano la región que cae en medio y se comprende entre los dos Trópicos, que es la mayor de las cinco zonas o regiones en que los cosmógrafos y astrólogos parten el mundo. La razón que daban, de ser esta zona tórrida inhabitable, era el ardor del sol: que siempre anda encima tan cercano y abrasa toda aquella región, y por el consiguiente la hace falta de aguas y pastos. De esta opinión fue Aristóteles, que —aunque tan gran filósofo— se engañó en esta parte». Y López de Gómara, *Historia general de la Indias*, cap. 3: «La causa que ponen para no poder vivir hombres en la región de los polos, y el excesivo calor que hay debajo de la tórrida zona por la vecindad y continua presencia del sol. Lo mismo afirman Durando, Scoto y casi todos los teólogos modernos; y Juan Pico de la Mirándola, caballero doctísimo, sustentó en las conclusiones que tuvo en Roma delante el papa Alejandro VI cómo era imposible vivir hombre ninguno debajo la tórrida zona. Pruébase lo contrario con dichos de los mismos escritores y con autoridades de sabios antiguos y modernos, con sentencia de la divina Escritura y con la experiencia. Strabón, Mela y Plinio, que afirman lo de las zonas, dicen cómo hay hombres en Etiopía, en la Aurea Chersoneso y en Trapobana, que son Guinea, Malaca y Zamotra, las cuales caen debajo de su tórrida».

[178] *Anete*: el real de Anete; comp. *Nuevo descubrimiento del río Marañón*, p. 257: «desembocaron en el gran río de Napo, por el cual, yendo hacia arriba, navegaron

los naturales, como ya dijimos. Y a las diez y ocho de este sitio desemboca a la banda del norte el río Aguarico, bien conocido, así por su temple menos sano, como por el oro que de él se saca, de que tomó también nombre de Río del Oro. Y en su boca de la una y la otra banda, da principio la gran provincia de los Encabellados, que corriendo por la del norte por más de ciento y ochenta leguas y gozando siempre de las aguas que el gran río de las Amazonas explaya por caudalosos lagos.

Desde sus primeras noticias influyó ardientes deseos de sujetarla en toda la juridicción de Quito por la multitud grande de gentiles de que está poblada, y de hecho en varias ocasiones se comenzó a poner por obra, si bien la última en que el capitán Juan de Palacios lo intentaba le salió tan mal como ya vimos.

- NÚMERO L

Aquí quedó la armada portuguesa, provincia de los Encabellados

En esta provincia, a la boca del río de los Encabellados, que cae veinte leguas más abajo del de Aguarico, donde ella tiene su principio, quedaron a pie quedo por espacio de once meses cuarenta soldados de la portuguesa armada, con más de trecientos indios amigos de los que llevaban en su compañía. Y aunque a los principios hallaron buena acogida en los naturales de la tierra, y por la paga recebían de ellos los mantenimientos necesarios, no duró por mucho tiempo tanta confianza en pechos en que aun todavía hervía la fama con que habían derramado la sangre del capitán español, y como esta, por su parte, también pedía venganza contra sus agresores, recelosos de que se les había de castigar su atrevimiento, con pequeña ocasión se alborotaron, y matan-

cuatro días y al cabo de ellos llegaron a un sitio llamado del Real de Anete, adonde estaba el capitán Juan del Palacio con toda su gente».

[179] *Juan de Palacios*: la muerte de Juan de Palacios a mano de los encabellados la cuenta por ejemplo Laureano de la Cruz en *Nuevo descubrimiento del río Marañón*, p. 265: «El capitán, con sus acostumbrado coraje, con solo espada y rodela, embistió él y dos compañeros con los encabellados que le cogieron por aquella parte y haciendo riza en ellos los fue siguiendo y a pocos pasos se halló cercado de una grande emboscada, que matándole y haciéndole pedazos, se lo llevaron».

do tres de nuestros indios, se pusieron en arma para defender sus personas y tierras.

No se descuidaron los portugueses, que como mal sufridos, y peor acostumbrados a semejantes libertades de indios, quisieron luego poner por obra el castigo de esta. Toman las armas y con sus ordinarios bríos, dan en ellos de tal suerte que con pocas muertes cogieron vivas más de setentas personas, las cuales tuvieron presas hasta que muertas unas y huidas otras, no quedó ninguna.

Puesto en este estado el portugués escuadrón, y que si quería comer lo había forzosamente de buscar de las manos del enemigo, o si no perecer, determinaron hacer correrías la tierra adentro, y por fuerza o de grado redimir su vejación.

Entraban[180] unos y otros quedaban en el real, y así estos como aquellos no dejaban de ser molestados del enemigo, que viendo la suya acudía a hacer todo el daño que le era posible, como lo hizo en muchas de las embarcaciones, destrozando unas y haciendo pedazos las más flacas. Y no fue este el mayor daño que de él se recibió, sino el que sus emboscadas causaban contra nuestros indios, degollando los que pudieron haber a las manos, si bien pagaron con tres dobladas[181] vidas de los suyos las que quitaron a los nuestros, castigo pequeño para los rigurosos que suelen ejecutar los portugueses en semejantes casos.

Llamaron a estos indios con nombre de encabellados los primeros españoles que los descubrieron, por los largos cabellos que así hombres como mujeres usan, que a algunas les pasan de las rodillas.

Sus armas son dardos, su habitación casas pajizas hechas con curiosidad y sus mantenimientos, ordinarios de todo el río.

Traen continuas guerras con las naciones circunvecinas, que son los seños, becavas, tamas, chufias y rumos[182]. Corren en frente de esta pro-

---

[180] *Entraban*: hacían entradas, ataques, incursiones contra el enemigo; «Entrarse al enemigo es de hombres diestros que juegan el espada de punta y van ganando tierra al contrario» (Cov.).

[181] *tres dobladas*: tres veces doblada la cantidad.

[182] *seños, becavas, tamas, chufias y rumos*: comp. *Nuevo descubrimiento del río Marañón*, p. 250: «las noticias que tuvieron de las primeras naciones de gentiles que pueblan aquellos ríos, y primero que otras las del río Putumayo, como son los zeños y becavas, que algunos españoles vecinos de los sucumbíos habían recogido»; p. 261: «entrando aquí la provincia que llaman de los rumos». Ver Cuesta, 1993, p. 66: «Quijos, sucumbíos, becavas, rumos, zuñes, cofanes, abijiras, encabellados, oas, oma-

vincia de los encabellados por la banda del sur, las de los abijiras, yurusunes, zaparas y iquitos[183], que encerrados entre las aguas de este río y el de Curaray, fenecen. Donde también entrambos se convierten en uno, que es a las cuarenta leguas de los encabellados en casi dos grados de altura.

Río Tumburagua

Ochenta leguas de Curaray a la misma banda, desemboca el famoso río Tumburagua, que ya dije arriba bajaba por los Mainas con nombre de Marañón.

Hácese respetar del de las Amazonas de tal suerte, que con tener este todo su caudal junto, detiene algunas leguas antes su ordinario curso, dando lugar a que aquel explayado por más de una legua de boca, le entre a besar la mano, pagándole no solo el ordinario tributo que de todos cobra sino otro muy abundante de muchos géneros de pescados que hasta la boca de este río no se conocen en el de las Amazonas.

- NÚMERO LI

Provincia de los aguas

Sesenta leguas más abajo de Tumburagua comienza la mejor y más dilatada provincia de cuantas en todo este gran río encontramos, que es

---

guas, una fragmentación en suma que contribuía a dificultar aún más la labor de quienes pretendían una unificación cultural»; los *chufias* son una familia de los indios aguaricos. Remitimos en general a Markham, 1865 y 1910. Usamos la versión de 1910 para nuestras referencias.

[183] *abijiras, yurusunes, zaparas y iquitos*: a fines del XVI los misioneros Ferrer y Fernando Arnulfi llegan a las riberas del Aguarico, territorio de los encabellados y abijiras; comp. *Nuevo descubrimiento del río Marañón*, p. 257: «una provincia de indios infieles llamados abijiras»; p. 261: «La provincia de los indios abijiras [...] está poblada en el gran río de Napo, yendo por él hacia abajo, a la mano derecha, que es a la banda del sur». Los iquitos estaban en la cuenca del Curaray: *Nuevo descubrimiento del río Marañón*, p. 288: «En este río dicen que hay muchos gentiles y hay personas que han llegado a sus poblaciones, y se llaman equitos». Los zaparas o záporos viven a las márgenes del Curaray, del Veleno, el Bobonaza, el Pindo y otros ríos, según recuerda León de Mera en *Cumandá*. Ver también Chantre, 1901, p. 38. Referencias a los yurusunes, habitantes al sur de los encabellados, en Markham, 1910, p. 133, que cita a Acuña y a Velasco, *Historia del reino de Quito* (cita esta última que no hemos comprobado si remite también a Acuña).

la de los aguas, llamados comúnmente omaguas, impropio nombre que les pusieron, quitándoles el nativo y ajustado a su habitación, que es a la parte de afuera, que eso quiere decir aguas.

Tiene esta provincia de longitud más de ducientas leguas, continuándose sus poblaciones tan a menudo, que apenas se pierde una de vista cuando ya se descubre otra. Su anchura es al parecer poca, pues no pasa de la que tiene el río, en cuyas islas, que son muchas y algunas muy grandes, tienen su habitación; pero considerando que todas, o están pobladas, o cultivadas por lo menos para el sustento de estos naturales, se podrá hacer concepto de los muchos indios que en tan cumplida distancia se alimentan.

Es esta gente la de más razón y mejor gobierno que hay en todo el río: ganancia que les granjearon los que de ellos estuvieron de paz, no ha muchos años en el gobierno de los Quijos, de donde obligados del mal tratamiento que se les hacía, se dejaron venir el río abajo, hasta encontrar con la fuerza de los de su nación; e introduciendo en ellos algo de lo que habían aprendido de los españoles, les pusieron en alguna policía.

Andan todos con decencia vestidos, así hombres como mujeres, las cuales del mucho algodón que cultivan tejen no solo la ropa que han menester, sino otra mucha que les sirve de trato para las naciones vecinas, que con razón codician el trabajo de tan sutiles tejedoras. Hacen paños muy vistosos, no solo tejidos de diversos colores, sino pintados con estos mismos tan sutilmente, que apenas se distingue lo uno de lo otro.

Son tan sujetos y obedientes a sus principales caciques, que no han menester más de una palabra para ver luego ejecutado lo que ordenan.

Son todos de cabeza chata, que les causa fealdad en los varones; si bien las mujeres mejor lo encubren con el mucho cabello, y está en ellos tan entablado el uso de tener las cabezas aplastadas, que desde que nacen las criaturas, se las meten en prensa[184], cogiéndoles por la frente

---

[184] *en prensa*: comp. *Nuevo descubrimiento del río Marañón*, p. 295: «Toman la criatura de pocos días nacida y cíñenle la cabeza por la parte del cerebro con una faja de algodón ancha y por la frente con una planchuela que hacen de cañas bravas, que les coge desde los ojos hasta el cabello, muy bien apretada, y de esta manera lo que la cabeza había de crecer en redonda crece para arriba, y queda larga, chata y muy desproporcionada». Otra descripción de la técnica deformadora en Chantre, 1901, p. 64.

con una tabla pequeña y por la parte del celebro con otra tan grande, que sirviendo de cuna recibe todo el cuerpo del recién nacido; el cual puesto de espaldas sobre esta y apretado fuertemente con la otra, queda con el celebro y la frente llanos como la palma de la mano; y como estas apreturas no dan lugar a que la cabeza crezca más que por los lados, viene a desproporcionarse de manera que más parece mitra de obispo mal formada que cabeza de persona.

Tienen por la una y otra banda del río continuas guerras con las provincias estrañas, que por la del sur entre otros, son los curinas[185], tantos en número, que no solo se defienden por la parte del río de la infinita multitud de los aguas, sino que juntamente sustentan las armas contra las demás naciones que por la parte de tierra les dan continua batería[186].

Por la banda del norte tienen estos aguas por contrarios a los tecunas[187]; que según buenas informaciones, no son menos ni de menos

---

[185] *curinas*: a ellos se refiere también el P. Samuel Fritz: «El año de 1693, habiendo vuelto a estas montañas, bajé luego a mi misión con ánimo de pasar las principales de sus aldeas a tierras firmes y altas, donde estuvieran más seguras de las inundaciones del Marañón y fabricar en ellas iglesias y casas de más subsistencia.... Pasé, pues, San Joaquín a tierra de caumaris, junto al río, en sitio alto y acomodado para iglesia y viviendas. A este pueblo, a más de los omaguas, se han agregado también algunas familias de la nación de los pevas, que vivían al río Chiquita, y ahora han venido a buscar mi amparo, por verse perseguidos de sus enemigos los caumaris. Del mismo modo los omaguas de Yoaivaté han pasado a tierra de mayorunas, los de Ameiuaté a tierra de curinas, fundando dos aldeas nuevas bajo la advocación la una de Nuestra Señora de Guadalupe, y la otra de San Pablo». Ver Pablo Maroni, *Noticias auténticas del famoso río Marañón*, Iquitos, colección Monumenta Amazonica, IIAP-CET, 1988, pp. 332-335. Citamos por la web <http://www.virtual.unal.edu.co/cursos/sedes/leticia/80011/lecciones/mod3/leccion3.html>. Alcedo (*Diccionario, s. v.*) dice que es nación poco conocida de la que solo se sabe que está en guerra continua con los aguas, lo que la va destruyendo poco a poco.

[186] *dar batería*: batir con la artillería un lugar, y por extensión atacar e importunar sin descanso: comp. *Quijote*, II, 51: «porque, en sabiendo el pueblo y los que te tratan tu inclinación determinada, por allí te darán batería hasta derribarte en el profundo de la perdición».

[187] *tecunas*: más usual es la forma *ticunas*. Hay una reciente tesis doctoral de Ullán de la Rosa (2004) *Los indios ticuna del Amazonas: procesos de cambio social y aculturación*. Tesis Doctoral, Universidad Complutense de Madrid. También se nombran jumanas. Ver Markham, 1910, pp. 126-127 con bastantes referencias, o Chantre, 1901, p. 61.

bríos que los curinas, pues también sustentan guerras a los contrarios que tienen por la tierra adentro.

- NÚMERO LII

Uso de los esclavos que cautivan

De los esclavos que estos aguas cautivan en sus batallas se sirven para todo lo que han menester, cobrándoles tanto amor que comen con ellos en un plato, y tratarles de que los vendan es cosa que lo sienten mucho, como por experiencia lo vimos en muchas ocasiones.

Llegábamos a un pueblo de estos indios: recibíannos, no solo de paz, sino con danzas y muestras de grande regocijo; ofrecían cuanto tenían para nuestro sustento, con gran liberalidad; comprábanseles paños tejidos y labrados, que con voluntad daban; tratábaseles de venta de las canoas, que son sus caballos ligeros en que andan..., al punto salían a concierto, pero en nombrándoles esclavos y apretándoles a que los vendiesen, *hoc opus, hic labor est*[188], aquí era el descompadrar, aquí el entristecerse, aquí las trazas de encubrirlos y aquí el procurarse zafar de nuestras manos: muestras ciertas de que más los estiman a solos ellos y más sienten el venderlos, que deshacerse de todo lo demás que poseen.

Y no diga nadie que el no querer vender los indios sus esclavos nace de tenerlos para comer en sus borracheras, que es dicho común con muy poco fundamento de los portugueses que andan metidos en este trato y con esto quieren colorear su injusticia. Porque, a lo menos en esta nación, yo averigüé con dos indios de los que habían subido con los mismos portugueses y eran naturales del Pará, los cuales huidos desde Quito vinieron a ser cautivos de estos aguas, con quienes estuvieron ocho meses y fueron a algunas guerras en su compañía (tiempo bastante para conocer sus costumbres). Estos asegura-

---

[188] *hoc opus, hic labor est:* es cita de la *Eneida* de Virgilio, libro VI («Facilis descensus Averni; / Noctes atque dies patet atri janua Ditis; / Sed revocare gradum, superasque evadere ad auras, / Hoc opus, hic labor est» («Fácil es la bajada al Averno: de noche y de día está abierta la puerta del negro Dite; pero dar marcha atrás y escapar a las auras del cielo, ¡ésa es la empresa, ésa la fatiga»).

ron que jamás les habían visto comer los esclavos que traían, sino que lo que usaban con los más principales y valientes era matarlos en sus fiestas y juntas generales, recelando mayores daños si les conservaban la vida; y arrojando los cuerpos en el río, guardaban por trofeo las cabezas en sus casas, que eran las que por todo el camino veníamos encontrando.

No quiero con esto negar que hay en este río gente caribe, que en ocasiones no tiene horror de comer carne humana. Lo que quiero persuadir es no hay en todo él carnicerías públicas en que todo el año se pesa carne de indios, como publican los que a título de evitar semejante crueldad la usan ellos mayor, haciendo con sus rigores y amenazas esclavos a los que no lo son.

• NÚMERO LIII

Sitio frío en que se podrá coger trigo

A las cien leguas, pocas más o menos, de las primeras poblaciones de estos aguas (que caen tres grados de la equinocial) y viene a ser en el riñón de esta dilatada provincia, llegamos a un pueblo, donde estuvimos tres días, con tan buen frío, que los nacidos y criados en las más frías de España, hubimos menester añadir ropa a la ordinaria.

Causome admiración mudanza tan repentina de temples y, preguntando a los naturales si aquello era cosa extraordinaria en aquella población, me aseguraron que no, porque todos los años, espacio de tres lunas, que así cuentan ellos, y es lo mismo que decir tres meses, experimentaban todos los años aquellos fríos que, conforme lo que ellos afirmaron, son los de junio, julio y agosto.

Pero yo, aún no bien satisfecho de su dicho, quise con más fundamento hacer inquisición de la causa de frío tan penetrante y hallé que lo era una gran tierra o páramo que a la banda del sur la tierra adentro está situada, por la cual pasan todos aquellos tres meses los vientos y, helados con la fuerza de la nieve de que está cubierta, causan tales efectos en la tierra circunvecina. Y, siendo esto así, no hay duda sino que en este sitio se dará muy buen trigo y todas las demás semillas y frutas que produce la comarca de Quito que, aunque situada debajo de la línea, semejantes aires, pasados por nevados cerros, la habilitan a tales maravillas.

- NÚMERO LIIII

Río Putumayo y naciones que en él y en Yetaú hay

Diez y seis leguas de estas poblaciones a la banda del norte desemboca el gran río Putumayo, bien conocido en el gobierno de Popayán por ser tan caudaloso, que antes de desaguar en el de las Amazonas entran en él treinta caudalosos ríos. Llámanle los naturales en este paraje, Uza[189]. Deciende de las cordilleras de Pasto hacia el Nuevo Reino de Granada, tiene mucho oro y según nos afirmaron está muy poblado de gentiles a cuya causa se retiraron con alguna pérdida los españoles que por él bajaron pocos años ha.

Los nombres de las provincias que le habitan son: yurunas, guaraicús, yacariguaras, parianas, ciyus, atuais, cunas[190] y los que más a sus principios de una y otra banda, como señores de este río le pueblan son los omaguas, a quienes los aguas de las islas llaman omaguasyete, que quiere decir omaguas verdaderos.

A las cincuenta leguas de esta boca a la parte contraria, encontramos la de un hermoso y caudaloso río, que trayendo su origen de hacia el Cuzco, fenece en el de las Amazonas en altura de tres grados y medio; llámanle los naturales Yetaú[191], y tiene entre ellos mucho nombre así por sus riquezas como por la multitud de naciones que sustenta como son los tipunas, guanarús, ozuanas, moruas, naunas, conomomas,

---

[189] *Uza*: en portugués el Putumayo se llama Içá.

[190] *yurunas, guaraicús, yacariguaras, parianas, ciyus, atuais, cunas*: en *Nuevo descubrimiento del río Marañón*, p. 297, según edición de Cuesta aparecen los «mayuzunas» y «guaraycos» que parecen ser los yurunas y guaraicús («a la banda del sur los mayuzunas y guaraycos, y a la del norte los jaunas»). Los yurunas del río de su nombre, que quiere decir «boca negra», se llamaron así por sus tatuajes, que iban hasta la boca; otra de las tribus del Putumayo son los guaraicús o uaraycus, en las riberas de Jutay y Jurúa (los ríos Yetaú y Yurúa de Acuña). Los yacariguaras los recoge Markham, pero como en otras ocasiones, a través de Acuña. Los parianas habitan el área del río Paría que desemboca en la Costa Pacífica (Markam, 1910, p. 119 para otra referencia). No localizamos a los ciyus ni atuais salvo en este texto de Acuña. Markham remite a Acuña para los atuais y no trae los ciyus (sí cita a los cirus en las riberas del Solimoes). Los cunas o kunas es el nombre de un pueblo amerindio localizado en Panamá y Colombia. Habitaban la región del Urabá y otras zonas limítrofes a la llegada de los conquistadores españoles.

[191] *Yetaú*: hoy recibe el nombre de Jutaí.

marianas[192] y los últimos que más se avecindan a los españoles que pueblan el Perú son los omaguas, que dicen son gente riquísima de oro que traen en grandes planchas pendientes de las orejas y narices y, si no me engaña mi discurso, según lo que leí en la historia del tirano Lope de Aguirre, esta era la provincia de los Omaguas, en cuyo descubrimiento Pedro de Orsúa, inviado del virrey del Perú, por las muchas noticias que de sus haberes había publicado la fama. Pero el no encontrar con ella nació de que tomando su entrada por un brazo de río que sale algunas leguas más abajo, cuando desembocó en él de las Amazonas, ya quedaban estas naciones tan arriba, que le fue imposible el volver a ellas receloso del ímpetu de las corrientes y principalmente por el poco gusto con que ya sus soldados titubeaban.

Es este río de Yetaú muy abundante de pesca y caza y que según las informaciones de sus moradores se puede navegar por él con facilidad, por ser de suficiente fondo y las corrientes moderadas.

---

[192] *tipunas, guanarús, ozuanas, moruas, naunas, conomomas, marianas*: los guanarús los sitúa el P. Fritz entre el Yurúa y el Tapi o Tefe. Los moruas los menciona el viajero Agustín Codazzi junto con otra serie de tribus de la región del Orinoco, del territorio del Caquetá, de San Martín y Casanare como: achaguas, agustinillos, airicos, amaguajes, amarizanos, amoruas, andaquíes, azanenis, betoyes, cabacabas, cabres, cafuanes, coreguajes, cuilotos, chiricuoas, chucunas, eles, enaguas, guahíbos, guaiguas, guaipamibis, guaques, guaripenes, huitotos, macaguajes, macos, macuenis, manivas, maquiritares, mariates, mayaties, mitúas, moroquenis, moruas, orejones, orelludos, otemacos, paseses, picunas, salivas, tamas, tunebos, vaupés, yaruros, yaconas, yuríes... Ver la página web de la Biblioteca Luis Ángel Arango <http://www.lablaa.org/blaavirtual/geografia/codaz/codaz0.htm>. En esa lista figuran los picunas, que deben de ser los ticunas de Acuña (Markham solo trae la referencia de Acuña para los tipunas); de naunas, ozuanas, conomomas Markham se limita a las referencias de Acuña; de los marianas o maranhas añade alguna otra (1910, p. 109). Podemos sumar alguna observación: de los naunas dice Alcedo (*Diccionario, s. v.*): «Nación bárbara de indios poco conocida, que habita en la provincia y país de las amazonas, en las selvas y bosques inmediatos al río Itaú ronde viven dispersos y vagantes estos indios como fieras». Nos tememos que Alcedo coge el nombre y localización general de estas etnias y añade de su cosecha, porque de los ozuanas escribe: «Nación bárbara poco conocida de indios, que habita en las inmediaciones del río Yotau, vagante por aquellas selvas y viviendo de la caza; usan por armas arcos y flechas».

- NÚMERO LV

Fin de la provincia de los aguas y río del Cuzco

Siguiendo el curso de nuestro río principal, dimos a las catorce leguas en la última población de esta dilatada provincia de los aguas, que fenece con un lugar muy populoso y de muchos soldados, en fin como primera fuerza que por esta parte resiste el ímpetu de sus contrarios, de los cuales en espacio de cincuenta y cuatro leguas ningunos pueblan las riberas del río de suerte que de él se dé vista a sus rancherías, mas algo retirados adentro en la tierra firme, por pequeños brazuelos salen a buscar de él lo que necesitan.

Estos son en la banda del norte los curis y guairabas y en la del sur cachiguarás y tucuris[193]. Pero aunque como digo no podimos dar vista a estas naciones dímosla a la boca del río que con razón le podemos llamar del Cuzco, pues según un regimiento de esta navegación que vi de Francisco de Orellana, está norte sur con la misma ciudad del Cuzco. Entra en el de las Amazonas en cinco grados de altura y a las veinte y cuatro leguas del último pueblo de los aguas. Llámanle los naturales Yurúa[194], es muy poblado de gente, que por la banda de la mano derecha, entrado por él arriba, no es otra sino la que ya dije habitaba las riberas de Yetaú que, tendiéndose hasta sus orillas, queda como aislada entre entrambos ríos y este es por donde Pedro de Orsúa bajó del Perú, si mi fantasía no me engaña.

[193] *curis, guairabas, cachiguarás y tucuris*: los curis podrían ser los indígenas de la región del río Coari; los cachiguarás o cuchiguarás también se pueden hallar escritos *cuxiuaras*, como en el relato del P. Samuel Fritz: «después que llegué a aquellos lugares, vinieron de sus aldeas muchos indios cuxiuara con sus hijos, ocupando aquellas casas desiertas» (cit. por M. Ángel Peralta, «Misión de Lábrea, Brasil. Caucho, ríos y evangelios», en la página web <http://216.239.59.104/search?q=cache:taV6zNjUswwJ:www.agustinosrecoletos.org/docs/8491_20040829_03.doc%3FAGUSTISESSION%3D8f7445b79201bd7f384213b779f0096a+Cuchiguará&hl=es&ct=clnk&cd=1&client=safari>. De guairabas y tucuris no hallamos mejor documentación que la de Acuña, única que aporta Markham, 1910.

[194] *Yurúa*: Cuesta (1993) en su edición de *Nuevo descubrimiento del río Marañón* (p. 298) usa la grafía *Jurva*: «a las veinticuatro leguas de los últimos omaguas vimos un río al parecer no muy grande, llamado Jurva [Yurúa en Acuña, hoy Jurúa] que entra en el nuestro por la banda del sur». Es difícil a veces establecer la buena grafía: no solo las variaciones de los cronistas, sino los errores de impresión, de cajistas y editores, complican la tarea.

- NÚMERO LVI

Provincia donde se halló oro

Veinte y ocho leguas más abajo del río Yurúa a la mesma banda del sur, en tierras de muy altas barrancas da principio la muy poblada nación de los curuciraris[195], que siguiendo siempre una ribera corre por espacio de ochenta leguas, tan continuadas sus poblaciones que apenas se pasaban cuatro horas sin encontrar otras de nuevo y a veces por espacio de medio día entero no cesábamos de mirar sus rancherías. De estas, las más hallábamos sin gente que con nuevas falsas de que veníamos destruyendo, matando y cautivando, casi todos estaban retirados a los montes, fuera de que ellos son de suyo de naturales más esquivos que otros ningunos de este río, si bien no muestran menos gobierno y policía, según se echó de ver, así por los muchos mantenimientos de que estaban prevenidos, como también por las alhajas de sus casas, que para el beneficio de las cosas tocantes a la vida, eran de las mejores de todo el río.

Tienen en las barrancas donde moran muy buen barro para todo género de vasijas y, aprovechándose de él, fabrican grandes ollerías, en que labran tinajas, ollas, hornos en que cuecen sus harinas, cazuelas, jarros, librillos[196] y hasta sartenes bien formadas, teniendo todo esto prevenido para trato común de las demás naciones, que obligadas de la necesidad que de estos géneros pasan en sus tierras, vienen a hacer grandes cargazones de ellos, recibiendo por paga las cosas de que ellos necesitan.

A la primera aldea de esta nación viniendo río abajo, llamaron los portugueses a la subida, la Aldea del Oro, por haber hallado en ella y rescatado alguno que en planchas pequeñas traían los indios pendientes de las narices y orejas, que en Quito se probó y halló ser de veinte y un quilates mucho de ello.

---

[195] *curuciraris*: Markham, 1910, remite a Acuña. No hallamos más documentación.
[196] *librillos*: «Es un vaso de tierra en que las mujeres suelen lavar lienzos y ropa delgada, y también se sirven destos vasos en las cocinas» (Cov.). Comp. Acosta, *Historia natural y moral*, p. 371: «con ciertos granos echaban suertes, y adivinaban mirando en lebrillos y cercos de agua».

Como los naturales vieron la codicia de los soldados y que tan a pechos se tomaba el hacer diligencia para que les trajesen más de aquellas planchillas, luego las recogieron todas, sin que más pareciese ninguna, lo cual observaron también a la vuelta, de suerte que, aunque vimos muchos indios, solo uno trajo dos orejeras de oro, bien pequeñas, que yo le rescaté[197].

- NÚMERO LVIII

Minas de oro

No se pudo a la subida de la armada averiguar con fundamento cosa alguna de cuantas se encontraron en este río, porque jamás tuvieron lenguas[198] con quienes hacer la inquisición y, si de algo les pareció a los portugueses que podían dar razón, era de lo que por señas habían entendido, las cuales eran tan inciertas que cada uno las aplicaba a lo que tenía en su pensamiento.

Todo lo cual cesó a la vuelta queriendo nuestro Señor favorecer a esta jornada con prevenirla de ordinario de buenos lenguas, por medio de los cuales se averiguó todo lo que se contiene en esta relación.

La que a mí me dieron de las minas de donde se sacaba este oro es la que aquí diré. En frente de esta aldea algo más arriba a la banda del norte, entra un río llamado Yurupací[199], subiendo por el cual y atravesando en cierto paraje por tierra tres días de camino hasta llegar a otro que se llama Yupura[200], por él se entra en el Iquiari[201], que es el río del

---

[197] *rescaté*: rescate, rescatar son términos muy frecuente en las crónicas de Indias que significan trocar una cosa por otra, conseguir el oro u otras cosas cambiándolas por objetos que los indios aprecian. Ver más abajo núm. LXI: «mujeres con frutas, pescados, harinas y otras cosas que con abalorios, agujas y cuchillos se les rescataban».

[198] *lenguas*: intérpretes.

[199] *Yurupací*: puede ser el Yurubasi, que nace al norte de la leguna Cumapi y desemboca en el Río Negro. Ver Alcedo, *Diccionario geográfico-histórico*.

[200] *Yupura*: uno de los ramales del río Caquetá. Por uno de los brazos del Yupura subió Gonzalo Jiménez de Quesada al Nuevo Reino de Granada cuando emprendió su conquista.

[201] *Iquiari*: uno de los afluentes del Río Negro (junto con los ríos Ijie, Yurubesch, Nuissi, Casiari, Catabulú, Aravidá, Blanco y Yaguapiri…). Ver Alcedo, *s. v.*

oro, donde del pie de una sierra que allí está, le sacan los naturales en grande cantidad, y este oro todo en puntas y granos de buen tamaño, de los cuales forman a fuerza de batirlo las planchas que ya dijimos cuelgan de las orejas y narices.

Los naturales que contratan con los que sacan este oro se llaman managús[202], y los mismos que habitan el río y se ocupan en sacarlo, yumaguaris, que quiere decir sacadores de metal, porque *yuma* es el metal y *guaris* los que lo sacan, y llaman todo género de metales con este nombre general de *yuma* y así para cualquiera herramienta de las nuestras, como eran hachas, machetes y cuchillos, usaban de este mismo vocablo *yuma*.

Dificultosa parece la entrada a estas minas por los inconvenientes que muestran en mudar ríos y abrir caminos por tierra y así no me satisfice hasta descubrir otra muy más fácil, de que adelante diremos.

- NÚMERO LVIII

Usan orejas y narices agujereadas

Están estos bárbaros desnudos todos, así hombres como mujeres, sin que les sirva su riqueza de más que de un pequeño atavío con que adornan orejas y narices, que casi todos tienen agujereadas, y en las orejas lo afectan tanto que a muchos les cabe todo el puño por el agujero que en la parte de abajo, donde suelen pender los zarcillos, tienen, trayéndole de ordinario ocupado con un mazo de ajustadas hojas que en él por gala acostumbran.

Por la banda de enfrente de todas estas poblaciones altas es tierra llana a una mano y tan cerrada, así de otros ríos como de los brazos que el Caquetá tiende por sus orillas, que aislada en grandes lagos corre por muchas leguas, hasta que todos encorporados en el Río Negro se juntan con el principal.

Están pobladas estas islas de muchas naciones pero la que más se extiende por ser más populosa es la de los zuanas[203].

---

[202] *managús*: los manaos, que dieron nombre a la ciudad de Manaos.

[203] *zuanas*: deben de ser los mismos que los ozuanas. Markham no recoge esta forma en su lista.

- NÚMERO LIX

Entrada a las minas del oro

Catorce leguas de esta aldea que llamamos del Oro a la banda del norte, sale la boca del río Yupura, que es por donde se entra en el del oro, y esta es la más cierta y derecha entrada para con brevedad llegar a dar vista a la tierra que tan liberal ofrece sus tesoros.

Es la altura de la boca de este río de dos grados y medio, como también la de una población que cuatro leguas más abajo, en la banda del sur, está situada sobre una grande barranca, al desembocar de un caudaloso y claro río que los naturales llaman Tapi[204] y tiene en sus riberas mucha multitud de gentiles que llaman paguanas[205].

Son todas las tierras que como dije por espacio de ochenta leguas ocupa esta nación de los curuciraris, muy altas, de lindas campiñas y hierbas para ganados, arboledas no muy cerradas, abundantes lagos y que prometen muchas y buenas comodidades a los que las poblaren.

- NÚMERO LX

Lago dorado

Veinte y seis leguas del río Tapi desagua en el de las Amazonas el Catuá[206] que, formando en la boca un grande lago de agua verde, trae él su origen de muchas leguas tierra adentro de la banda del sur, tan pobladas sus orillas de bárbaros como todos los demás, si bien le hace ventaja en multitud de naciones diversas otro río, que con nombre de Araganatuba[207], seis leguas más abajo sale a la parte del norte, por el cual también se comunica el Yupura, de que arriba tratamos.

---

[204] *Tapi*: «otro río que entra en el nuestro pocas leguas más abajo del de Tapi, que dejamos a la otra banda» (*Nuevo descubrimiento del río Marañón*, p. 299). Es el actual Tefe.

[205] *paguanas*: Gaspar de Carvajal en su relación (ver ed. R. Díaz, Carvajal, G., Almesto, P. y Rojas, A. de, *La aventura del Amazonas*, p. 70) se refiere a las tierras de un cacique llamado Paguana, situadas en la orilla izquierda del Amazonas, entre las confluencias del río Negro y el Catuá. No aparece esta forma en la lista de Markham.

[206] *Catúa*: el lago Catúa se halla bajando por el Solimoes, cerca del río Tefe.

[207] *Araganatuba*: Aragatuva en *Nuevo descubrimiento del río Marañón*, p. 299, según edición de Cuesta. Alcedo (*Diccionario, s. v.*): «pueblo de la provincia y país de las

Llámanse estas naciones yaguanais, mucunes, mapiarús, aguainaús, huirunas, marirúas, yamorúas, terarús, siguiyas, guanapuris, piras, mopitirus, iguaranis, aturiaris, macaguas, masipias, guayacaris, anduras, caguaraús, maraimumas y guanibis[208].

Entre estas naciones, que todas son de diferentes lenguas, según las noticias que por la parte del Nuevo Reino de Granada hay, está el deseado Lago Dorado que tan inquietos tiene los ánimos de toda la gente del Perú. No lo afirmo de cierto pero algún día querrá Dios que salgamos de esta perplejidad.

Porque no la haya con el nombre de un río que sale a la banda del norte, diez y seis leguas de Araganatuba, y se llama como él, se debe advertir que entrambos a dos son uno mismo, que por dos distintos brazos de un nombre desaguan en el de las Amazonas. Y a las veinte y dos leguas de este brazo último, da fin la populosa y rica nación de los curucirarís, pobladores de uno de los mejores migajones[209] de tierra que en todo este gran río encontramos.

- NÚMERO LXI

Provincia de Yoriman

Dos leguas más abajo comienza la más nombrada y belicosa nación de todo el río de las Amazonas y con quienes en sus primeras

---

amazonas, en la parte de ella que poseen los portugueses, situado a la orilla de aquel río».

[208] *yaguanais, mucunes, mapiarús, aguainaús, huirunas, marirúas, yamorúas, terarús, siguiyas, guanapuris, piras, mopitirus, iguaranis, aturiaris, macaguas, masipias, guayacaris, anduras, caguaraús, maraimumas y guanibis*: *yaguanais*: «a la banda del norte pasamos otro río que entre en el nuestro pocas leguas más abajo del de Tapi [...] y en su boca hallamos un pueblo [...] Llámase el río Aragatuva y sus habitadores jaguanais» (*Nuevo descubrimiento del río Marañón*, p. 299); los mapiarús los identifica Markham con los puinaus; Markham se limita a tomar la referencia de Acuña para los yaguanais, huirunas, marirúas, yamorúas, terarús, siguiyas, guanapuris, mopitirus, aturiaris, macaguas, masipias, guayacaris, anduras, caguaraús, maraimumas y guanibis; y no lista los mucunes, aguainús, iguaranis. Los piras los integra en la familia de los uaupés (Markham, 1910, p. 130).

[209] *migajones*: migajón es sustancia y virtud de una cosa (*DRAE*): se refiere a la gran fertilidad de esta tierra.

entradas atemorizaban a toda la armada portuguesa, que es la de Yoriman[210].

Está a la banda del sur ocupando no solo la tierra firme de sus orillas sino también mucha parte de sus islas y, aunque de longitud se estrecha en pocas más de sesenta leguas, como se aprovecha de las islas y tierra firme, está tan sobrada de gente que en parte ninguna vimos juntos más bárbaros que en ella.

Son comúnmente más bien agestados y de mejores talles que los otros; andan desnudos como ellos; y se echa de ver que fían de su valor, pues con gran seguridad entraban y salían entre los nuestros, viniendo cada día al real más de ducientas canoas cargadas de niños y mujeres con frutas, pescados, harinas y otras cosas que con abalorios, agujas y cuchillos se les rescataban.

Esta la primera población de esta provincia, situada sobre la boca de un río cristalino, que muestra ser muy caudaloso, por la grande fuerza con que impele las aguas del principal. Estará sin duda como todos los demás, sustentando en sus riberas otras innumerables naciones, de que no supimos los nombres, por caminar de paso por su boca.

- NÚMERO LXII

Un pueblo de más de una legua de largo

Veinte y dos leguas de la primera población de Yoriman tiene su sitio la mayor que en todo el río encontramos, ocupando sus casas más de una legua de largo, y no vive en cada casa una sola familia, como de ordinario sucede en nuestra España, sino que las menos que debajo de cada techo se sustentan son cuatro o cinco, y muchas veces más; de donde se podrá colegir la multitud de solo este pueblo; el cual pacífico en sus casas nos aguardó sin faltar persona de ellas, dándonos todos los mantenimientos que hubimos menester, de que ya el ejército necesitaba.

---

[210] *Yoriman*: *Nuevo descubrimiento del río Marañón*, p. 299 usa la grafía «Joriman», provincia «que tiene de largo sesenta leguas» y cuyos habitantes van todos desnudos. Laureano de la Cruz coincide bastante con Acuña: los jorimanes son la gente «más atrevida que vimos».

Aquí estuvimos cinco días y en ellos se hicieron para matalotaje[211], pasadas de quinientas fanegas de harina de mandioca, con que hubo que comer para todo lo restante del camino.

Este prosiguimos, topando muy a menudo poblaciones de esta mesma nación. Pero donde asiste[212] junta la mayor fuerza de ella es treinta leguas más abajo en una grande isla, cercada de un brazo que arroja el río principal en busca de otro que le viene a pagar tributo y juntamente por las riberas de este nuevo huésped, donde son tantos estos naturales, que con razón, aunque no sea más que por su multitud, son temidos y respetados de todos los demás.

- NÚMERO LXIII

Río de los gigantes

Diez leguas adelante del sitio referido da fin la provincia de Yoriman, y pasadas otras dos, desemboca a la banda del sur un famoso río que los indios llaman Cuchiguará[213]. Es navegable, aunque en partes con algunas piedras, tiene mucho pescado, gran suma de tortugas, abundancia de maíz y mandioca, y todo lo necesario para facilitar su entrada.

Está poblado este río de varias naciones, que comenzando por su boca y prosiguiendo por el arriba son las siguientes: los cuchiguarás, que toman el mesmo nombre del río; cumayaris, guaquiaris, cuyariyayanas, curucurus, cuatausis, mutuanis y por fin y remate de todos están los curiguerés[214], que según las informaciones de los que los habían

---

[211] *matalotaje*: «La prevención de comida que se lleva en el navío o galera» (Cov.).
[212] *asiste*: vive, habita; como otras veces.
[213] *Cuchiguará*: el actual río Purús.
[214] *cumayaris, guaquiaris, cuyariyayanas, curucurus, cuatausis, mutuanis, curiguerés*: Alcedo (*Diccionario, s. v. curiguires*) señala que los cumayaris confinan con los cuchiguaras y los curiguires (curiguerés), los cuales «habitan en los bosques donde tiene su origen el río Cuchiguaras» y algunos de estos, dice, tienen estatura gigantesca. Markham, 1910, apela a Acuña para los guaquiaris, curucurus y mutuanis; y no consigna en su lista las formas *cuyariyayanas* ni *cuatausis*. Probablemente se refiere a estos últimos con la grafía catauxis, de los que sí hay muchas referencias. De los mutuanis dice Alcedo, *Diccionario, s. v.*: «Nación bárbara de los indios de la provincia y país de las amazonas, confinante con la de los mojos; hay muy pocas noticias

visto y que se ofrecían a llevarnos a su tierra, son gigantes[215] de diez y seis palmos de altura, muy valientes; andan desnudos, traen grandes patenas de oro en las orejas y narices y para llegar a sus pueblos son necesarios dos meses continuos de camino desde la boca del Cuchiguará.

Por el de las Amazonas abajo, a la banda del sur, corren los caripunás y zurinas[216], gente la más curiosa que hay en todo él en labrar de manos. Sin más herramientas que las que arriba dije hacen bancos forjados en forma de animales, con tanto primor y tan acomodados para tener el cuerpo con descanso que ni la comodidad ni el ingenio los pudiera fingir mejores. Labran estólicas, que son sus armas, de palos muy vistosos, tan delicadamente que con razón las codician las demás naciones. Y lo que más es, sacan de un tosco leño un idolillo tan al natural que tuvieran bien aprender de ellos muchos de nuestros escultores. Y no solo les son todas estas obras de entretenimiento y comodidad propia sino también de mucho provecho, hallando a trueque de ellas entre los demás todo lo que han menester.

---

de ellos, pero muchas fábulas inventadas, pues dicen que son agigantados y poseedores de riquísimas minas de oro».

[215] *gigantes*: hay muchas referencias los gigantes en el Nuevo Mundo. Ver *El Marañón*, lib. I, cap. 7: «Es esta provincia de Guari notable por la memoria de los gigantes que en los antiguos siglos la habitaron, que permanece hoy en las ruinas de ciertos edificios de maravillosa labor y grandeza que se ven en las riberas del río Chavín»; Acosta los encuentra en Méjico: *Historia natural y moral*, p. 457: «Pero al fin, como los *tlascaltecas* venían armados y en orden, desbarataron a los gigantes e hirieron en ellos sin dejar hombre a vida. Nadie se maraville ni tenga por fábula lo destos gigantes, porque hoy día se hallan huesos de hombres de increíble grandeza. Estando yo en México año de 86 toparon un gigante de estos enterrado en una heredad nuestra que llamamos "Jesús del Monte", y nos trajeron a mostrar una muela que, sin encarecimiento, sería bien tan grande como un puño de un hombre, y a esta proporción lo demás: la cual yo vi y me maravillé de su disforme grandeza».

[216] *caripunás y zurinas*: para Laureano de la Cruz (*Nuevo descubrimiento del río Marañón*, p. 288) no hay tales caripunás, sino caripunas (en la acentuación fijada por Cuesta, 1993), que no son una tribu, sino el nombre que los icajnates (otro nombre para los rumos y encabellados) dan a los españoles: «conociendo ser españoles (que ellos llaman caripunas) esperaron y saltando todos en tierra en una paya los saludamos». Pero lleva razón Acuña y hay una etnia indígena amazónica de los caripunas o caripunás (Markham, 1910, p. 89). Sobre los zurinas o curinas queda ya nota.

- NÚMERO LXIIII

Río Basururú y sus naciones

Treinta y dos leguas de donde desagua este río Cuchiguará, lo hace también, a la banda del norte, otro, con nombre entre los naturales de Basururú[217], que dividido la tierra adentro en grandes lagos la tiene toda partida en muchas islas, las cuales todas pueblan infinitas naciones.

Son tierras altas y que nunca se anegan por mayores inundaciones que haya; muy fértiles de mantenimientos, así de maíces, mandioca y frutas, como también de cazas y pescados, con que los naturales viven hartos y se multiplican cada día más.

Llámanse en general todas las naciones que habitan este dilatado sitio carabuyanas[218], y en particular las provincias en que están divididos, son las siguientes: caraguanas, pocoanas, urayarís, masucaruanas, quererús, cotacarianas, moacaranas, ororupianas, quinarupianas, tuinamainas, araguanainas, mariguyanas, yaribarus, yarucaguacus, cumaruruayanas y curuanaris.

Usan estos indios de arco y flecha. Hay entre algunos de ellos herramientas de hierro, como son hachas, machetes, podones y cuchillos, y preguntando con cuidado por los lenguas de dónde les vienen, responden que las compran de los naturales que por aquella parte están más cercanos al mar, a los cuales se las dan unos hombres blancos como nosotros, que usan nuestras mesmas armas, espadas y arcabuces, que en la costa del mar tienen su habitación y que solo se distinguen de nosotros en el cabello, que a una mano le tienen todos amarillo, señas bastantes para poder colegir con claridad son los holandeses, que hacia la boca del río dulce, o el de Felipe, ha días tienen tomada posesión. Y el año de treinta y ocho dieron con fuerza de gente en la Guayana, juridición del Nuevo Reino de Granada, y no solo se apoderaron de ella, sino que fue tan de improviso que, no pudiendo los nuestros sacar el Santísimo Sacramento, quedó cautivo en poder de sus enemigos, que

---

[217] *Basururú*: debe de ser el actual Manacapuru.
[218] *carabuyanas*: para esta tribu y sus ramas mencionadas acto seguido Markham solo recoge los datos de Acuña. Consigna alguna variante en la forma: quereus (no quererús), cotocarianas (no cotacarianas), qrorupianas (no ororupianas), yarucaguacas (no yarucaguacus).

como sabían qué estimada es esta prenda entre los católicos, esperaban grande rescate por ella. El que se les aparejaba cuando salimos de aquellas partes, eran buenas compañías de soldados, que con ánimo cristiano iban a dar las vidas por rescatar a su Señor, con cuyo favor se lograrían sin duda tan buenos deseos.

- NÚMERO LXV

Río Negro

Aún no treinta leguas cabales más abajo de Basururú, en la misma banda del norte, en altura de cuatro grados, sale al encuentro del de las Amazonas el mayor y más hermoso río, que en más de mil y trecientas leguas le rinde vasallaje, si bien como tan poderoso en su entrada que es de legua y media de ancho, parece que se corre[219] de reconocer otro mayor; y aunque el de las Amazonas con todo su caudal le echa los brazos, no se le queriendo sujetar hombro con hombro, sin respeto alguno, señoreado de la mitad de todo el río, le acompaña por más de doce leguas, distinguiéndose claramente las unas aguas de las otras, hasta que no sufriendo el de las Amazonas tantas mayorías, revolviéndole en sus turbias ondas, le hace entrar por camino y reconocer por dueño al que él quería avasallar.

Llamaron los portugueses, y con mucha razón, a este gran río el Negro[220], porque en su boca y muchas leguas más adentro, el mucho fondo que tiene y la claridad del agua que de inmensos lagos en él vierte, le hacen parecer tan negras sus ondas como si de propósito estuvieran teñidas, si bien fuera de su natural son cristalinas.

Hace su curso de oeste a leste en sus principios, aunque las vueltas son tantas que a distancias muy cortas muda rumbos diferentes; el que trae por muchas leguas antes de entrar en el de las Amazonas es de poniente a oriente.

---

[219] *se corre*: se avergüenza.
[220] *el Negro*: según Laureano de la Cruz fueron los franciscanos los que bautizaron el río: «pusiéronle este nombre nuestros religiosos la primera vez que aquí llegaron, por ser sus aguas al parecer muy negras, y causolo su mucho fondo y ser muy claro» (*Nuevo descubrimiento del río Marañón*, p. 299).

Llámanle los naturales que le habitan Curiguacurú[221], si bien los tupinambás, de quienes después diremos, le pusieron por nombre Uruna, que en su lengua quiere decir agua negra; como también llamaron al principal de las Amazonas en este paraje, Paranaguazú[222], que significa río grande, a distinción de otro menor pero muy caudaloso, que llaman Paranamirí[223], esto es, río pequeño, que desagua a la banda del sur, una legua antes del río Negro, que afirman estar muy poblado de diferentes naciones, la última de las cuales está vestida y usan sombreros, señal cierta de que se avecindan a los españoles del Perú.

Los que lo están a las aguas del río Negro son grandes provincias, es a saber los canizuarís, aguairas, yacucaraes, cahuayapitis, manacarus, yanmas, guanamas, carapanaris, guarianacaguas, acerabarís, curupatabas[224] y los que primero pueblan un brazo que este río arroja por donde, según informaciones, se viene a salir al río Grande, en cuya boca en el mar del norte están los holandeses, son los guaranacuazanas.

Usan todas estas naciones de arco y flecha, muchas de ellas enherboladas con ponzoña.

Son todas las de este río tierras altas, de lindo migajón, y que, cultivadas, prometen cualesquier frutos, aun de los de nuestra Europa en algunas partes.

Tienen muchas y buenas campiñas cubiertas de sazonados pastos para poder en ellas pastar innumerables cabezas de ganados.

---

[221] *Curiguacurú*: Alcedo (*Diccionario, s. v.*): «Curiguacurú o Uruna, río de la Nueva Andalucía austral o inferior, en la provincia de la Guayana. Baja de las montañas de los indios caribes al norte, y corriendo al mediodía aumentado con las aguas de otros muchos, entra en el Marañón».

[222] *Paranaguazú*: Laureano de la Cruz, con la misma explicación, le da la forma (Cuesta, 1993) de *Paramanguaso* (*Nuevo descubrimiento del río Marañón*, p. 288: «desemboca un grande río en el nuestro de San Francisco, que tendrá una legua de boca: llámanle los naturales Paramanguaso, que quiere decir Río Grande. Este es el Marañón que baja del Perú»).

[223] *Paranamirí*: Alcedo (*Diccionario, s. v.*): «río de la provincia y país de las amazonas, es un brazo de este que se comunica con la laguna Araraba y forma la isla de Uariquiri».

[224] *canizuarís, aguairas, yacucaraes, cahuayapitis, manacarus, yanmas, guanamas, carapanaris, acerabarís, curupatabas*: Markham apunta solo la mención de Acuña para yacucaraes, manacarus (manacurus en su lista), guanamas, guarianacaguas (guarianacaguas en su lista), curupatabas y guaranacuazanas; y no recoge los canizuarís, aguairas, cahuayapitis, yanmas, carapanaris, acerabarís.

Produce grandes árboles de buenas maderas para todo género de embarcaciones y edificios, que no solo con ellas, sino también con muy buena piedra de que este sitio abunda, se pueden edificar.

Están sus orillas pobladas de todo género de caza. Verdad es que el pescado en este río no es tanto como en el de las Amazonas, a causa de ser sus aguas tan claras, si bien en lagos que la tierra adentro hace siempre se coge a manos llenas.

Tiene en su boca buenos sitios para fortalezas y mucha piedra para fabricarlas, con que se podrá defender la entrada al enemigo que quisiere salir por él al principal, aunque yo juzgo que no en este paraje sino muchas leguas más adentro, en el brazo que desemboca al río grande que ya dije desagua en el océano, es donde más seguramente se debiera poner toda defensa, con que quedaba del todo cerrado el paso al enemigo para todo este nuevo mundo, que sin duda codicioso ha de intentar en algún tiempo.

No me atrevo a afirmar si el río grande en quien desemboca este brazo del Negro es el Dulce o el de Felipe[225], aunque mucho me inclino a este segundo, según buenas demarcaciones, pues este es el primer río de consideración que, pasadas algunas leguas, entra en el mar después de Cabo de Norte. Lo que puedo determinadamente asegurar es que en ninguna manera es el Orinoco, cuya principal boca cae enfrente de la Isla de la Trinidad más de cien leguas más abajo de donde desagua el río de Felipe, por el cual salió a la mar del norte Lope de Aguirre, y pues él lo navegó, podrá también otro cualquiera entrar por donde una vez se abrió camino.

- NÚMERO LXVI

Intentan los portugueses entrarse por el río Negro

Situada estaba la armada portuguesa de vuelta de viaje en la boca del río Negro, a los doce de octubre de seiscientos y treinta y nueve, cuando considerándose los soldados ya como a las puertas de sus casas y volviendo los ojos no sobre los acrecentamientos que traían, que

---

[225] *Dulce, de Felipe*: dos ríos de la zona; el Dulce nace en Puertoseguro, y el Felipe es un brazo del Gamalotal. Ver Alcedo, *Diccionario, s. v.*

esos eran ningunos, sino sobre las pérdidas que en espacio de más de dos años que habían andado en este descubrimiento habían tenido, que no eran pocas, y enterados por otra parte que los servicios hechos a su majestad en estas conquistas ninguna satisfación habían de tener en tierras, donde los que más sangre han derramado en semejantes ocasiones están hoy aniquilados y muriendo de hambre, por no poder parecer delante de quien los pudiera premiar, determinaron atraer a su voluntad la del capitán mayor, persuadiéndole que ya que su pobreza les obligaba a buscar algún remedio con que poder pasar y las noticias de los muchos esclavos que en lo interior de este río Negro poseían los naturales ofrecía la ocasión en la mano, no permitiese dejarla pasar sin aprovecharse de ella, dando orden de que la gente siguiese esta derrota, pues con los muchos esclavos que de este río se sacasen, cuando no llevasen otra cosa, serían bien recebidos de los del Pará y sin ellos, sin duda serían tenidos por hombres para poco[226], pues pasando por tantas y tan diferentes naciones y habiendo encontrado tantos esclavos, se salían con las manos vacías, y más habiendo hombres en estas conquistas que a las puertas de sus casas saben hacerse esclavos de que se sirvan.

Muestras daba el capitán mayor de quererles dar gusto, quizá porque ellos eran muchos y él solo; y así dio permiso de que se pusiesen velas en las embarcaciones, porque el viento en popa favorable para la entrada las pedía. Alborozados estaban todos con esta determinación, y nadie se prometía menos que mucho número de esclavos, y persona hubo que no se contentaba él solo si no llegaban a trecientos los que le tocasen de su parte.

Cuidado y no pequeño me pudiera dar esta resolución, a no conocer el noble ánimo de nuestro caudillo que, desinteresado de semejantes empleos, estaba yo muy confiado de que siguiría en primer lugar lo que fuese de mayor servicio de ambas majestades[227]. Con esta confianza después de haber dicho misa, recogiéndome aparte con mi compañero, deseoso de por todas vías impedir intentos tan descaminados, hicimos el papel siguiente.

---

[226] *para poco*: corto, asustadizo, medroso: comp. *Quijote*, II, 20: «¡Pecador de mí, y qué melindroso y para poco debéis de ser!».

[227] *ambas majestades*: como en otras ocasiones, la divina y la humana.

- NÚMERO LXVII

Requerimiento hecho al ejército

Los padres Cristóbal de Acuña y Andrés de Artieda, religiosos de la Compañía de Jesús, personas a quienes el rey nuestro señor por una real provisión, despachada por su real audiencia de la ciudad de San Francisco del Quito, en los reinos del Perú, a veinte y cuatro días del mes de enero de este presente año de mil y seiscientos y treinta y nueve manda y encarga que, habiendo venido en compañía de esta armada portuguesa por todo este gran río de las Amazonas, nuevamente descubierto, tomemos noticia suficiente y la más clara que ser pueda de las naciones que en él habitan, ríos que se le juntan y lo demás necesario para que en el Real Consejo de las Indias se haga pleno concepto de esta empresa y que, habiéndolo hecho así, con la mayor brevedad posible pasásemos a España a dar cuenta a su majestad de todo, sin que persona alguna nos pueda impedir la ejecución de todo lo referido, como más largamente constará por la dicha real provisión, que en nuestro poder viene, y siendo necesario estamos prestos para mostrarla a todos como lo habemos hecho a algunas de las principales cabezas de este ejército, al presente, habiendo entendido por dicho de muchos y por las velas que se disponen para la navegación, que el capitán mayor Pedro Tejeira y los demás capitanes y oficiales mayores de esta dicha armada, en cuya compañía venimos por mandado de su majestad, intentan dilatar más el viaje entrándose por el río Negro, en cuya boca al presente nos hallamos, con desinio de rescatar piezas esclavas[228] de él, para llevarlas por tales a sus haciendas del Pará y Marañón, como acostumbran hacer en todas las entradas que desde el dicho Pará hacen a los naturales que habitan en sus confines, y porque en esto se ha de gastar forzosamente mucho tiempo, a dicho de personas experimentadas en semejantes entradas, y ha de haber otros muchos inconvenientes, por acudir a la obligación que nos corre y para descargo nuestro

---

[228] *piezas esclavas*: *piezas* en el sentido de indios: *El Marañón*, lib. I, cap. 17: «Hallolos muy fatigados, enfermos y hambrientos y tres soldados menos, que de hambre se habían muerto, y algunas piezas de servicio, de que recibió mucha pena».

ante la real persona de su majestad, en nombre suyo, hablando con el acatamiento debido, requerimos al capitán mayor Pedro Tejeira, al coronel Benito Rodríguez de Olivera, al sargento mayor Felipe de Matos, a los capitanes Pedro de Acosta y Pedro Bayón, y a los demás oficiales vivos[229] que al presente se hallan gobernando este ejército en la boca de este dicho río Negro:

Que por cuanto ya su majestad tiene noticia, por su real audiencia de la ciudad de Quito y por su virrey del Perú, del despacho de nuestras personas para los fines de susodichos y de la brevedad con que se esperaba habíamos de llegar a su real presencia, pues según el dicho capitán mayor Pedro Tejeira y otros muchos de su compañía, aseguraron a los señores de la dicha real audiencia de Quito que habíamos de estar en el Pará dentro de dos meses y medio; y de aquí a seis días se cumplirán ocho meses que salimos de la dicha ciudad de Quito y aún faltan seiscientas leguas desde este puesto al del Pará, de cuya dilación pueden resultar muchos y graves inconvenientes como son el dilatar su majestad la fortificación de este río que tantos años ha desea se descubra, esperando la brevedad con que nosotros habíamos de llegar con las informaciones de él y en el ínterin apoderarse el enemigo de sus principales entradas, cosa de que resultará gran perjuicio a su real corona, y juntamente tan buenos y esforzados capitanes como aquí van harán sin duda con tantas dilaciones grande falta a la fortaleza del Pará, a donde si el enemigo llegase, estando ellos ausentes, sería muy cierta su pérdida; demás de esto, los indios de este río Negro, donde se pretende entrar, son a juicio de todos, gente muy belicosa y de arco y flecha herbada con que nos podrán hacer mucho daño y más viendo la poca fuerza de los indios amigos que nos han quedado, muchos de los cuales están enfermos y otros son muchachos sin experiencia de guerra y todos a una mano con ningún gusto de hacer la dicha entrada de que puede resultar la total perdición de este ejército, fuera de que yendo con poco gusto podrá ser que se nos huyan, como lo han hecho los más de los que salieron del Pará y más viéndose ya a las puertas de sus casas. Aquí añadimos que los esclavos que se pretenden sacar hay mucha dificultad si se puede hacer con buena conciencia (exceptos los que fuesen necesarios para lenguas) porque esta tierra es nueva y aun-

---

[229] *oficiales vivos*: que desempeñan el cargo activamente; en servicio activo.

que haya cédulas de su majestad (como se dice) para sacar esclavos, esto es en la juridición circunvecina del Pará y Marañón, y con las demás calidades que se requieren, y estos de este río no se sabe a qué juridición pertenezcan. Y dado caso que ninguna de las dichas razones haga fuerza, y que se consiguiese el fin que de la dicha jornada se desea, que es sacar gran cantidad de esclavos, estos mismos, por las pocas fuerzas que para guardarlos y defendernos de ellos tenemos al presente podrá ser que sean la total ruina y destrucción de todos.

Por todo lo cual y por lo demás que ofrecerle pudiere en deservicio de las dos majestades, divina y humana, y perjuicio de la salvación de tanta inmensidad de almas como hay en este río, de nuevo, una y otra vez, volvemos a requerir al dicho capitán mayor Pedro Tejeira, coronel, sargento mayor, capitanes y oficiales vivos que al presente gobiernan este ejército que, no dando lugar a dilaciones que no sean del servicio de Dios y de su majestad, con toda brevedad se procure que prosigamos nuestro viaje del Pará para de allí pasar a España a cumplir con el fin y obligaciones de nuestra legacía y se pueda acudir con brevedad, teniéndolo así su majestad por bien, a la salvación de tantas almas como se han descubierto en este nuevo mundo, que miserables yacen en la sombra de la muerte.

Y si lo dicho no fuere suficiente para obligar a que todos juntos prosigamos nuestro viaje con la dicha brevedad, requerimos de nuevo con la real provisión que para ello traemos al dicho capitán mayor Pedro Tejeira y a los demás oficiales del ejército que para ello tuvieren mano, que dándonos el avío necesario y todo buen pasaje para resguardo de nuestras personas, se nos permita proseguir sin detención nuestro viaje, que aunque sea con riesgo de enemigos, lo posponemos todo por cumplir con lo que su majestad nos manda en su real provisión.

Y lo contrario haciendo, protestamos de todos los daños e inconvenientes que de la dilación que hubiere en la dicha jornada se siguieren y de dar cuenta de ello al Real Consejo de las Indias y a su real persona del rey nuestro señor, como se nos manda lo hagamos.

Y últimamente, para resguardo de nuestras personas, y muestras de que deseamos cumplir efectivamente con lo que somos mandados, pedimos se le ordene al escribano nombrado de este ejército nos dé testimonio de todo lo que en este nuestro requerimiento se contiene y de lo que a él nos fuere respondido.

• NÚMERO LXVIII

Prosigue el viaje y del río de la Madera

Hecho este papel y comunicado con el capitán mayor, alegrándose él mucho de tener ya quien se pusiese de su parte y reconociendo la fuerza de las razones, mandó al instante recoger las velas, cesar con las prevenciones y disponer para que el siguiente día, volviendo a desembocar por la boca del río Negro, prosiguiésemos todos por el de las Amazonas abajo nuestro viaje.

Hicímoslo así y a las cuarenta y cuatro leguas dimos con el gran río de la Madera, llamado así de los portugueses por la mucha y gruesa que traía cuando le pasaron, pero su nombre propio entre los naturales que le habitan es Cayarí[230].

Deciende de la banda del sur y, según lo que averiguamos, se forma de dos caudalosos ríos que algunas leguas adentro se le juntan, por los cuales, según buenas demarcaciones y según las señas de los tupinambás que por él bajaron, es por donde más en breve que por parte alguna se ha de descubrir salida a los más cercanos ríos de la comarca de Potosí.

De las naciones de este río, que son muchas, las primeras se nombran zurinas y cayanas, y luego se van siguiendo los ururihaus, anamaris, guatinumas, curanaris, erepunacas y abacatis[231]. Y desde la boca de este río, corriendo por el de las Amazonas abajo, le pueblan los zapucayas, urubutingas[232], que son muy curiosos en labrar cosas de madera. Tras estos se siguen los guaranaguacas, maraguas, quimaus, burais,

---

[230] *Cayarí*: o Coyari, uno de los innumerables afluentes del Amazonas; comp. *Descubrimiento del río*, p. 315: «al uno llaman el río de la Madera, por la mucha que trae de ordinario».

[231] *zurinas, cayanas, ururihaus, anamaris, guatinumas, curanaris, erepunacas y abacatis*: Markham, 1910, solo trae las menciones de Acuña para los zurinas, cayanas, anamaris, guatinumas, curanaris, erepunacas y abacatis (abactis en su lista); y no recoge los ururihaus. Alcedo ofrece una entrada para los abacachis o abacaris (Markham otra para abacaxis, que diferencia de los «abactis»), a los cuales sitúa en el río de la Madera, y que deben de ser estos mismos.

[232] *zapucayas, urubutingas*: Markham, 1910, trae las formas *zepucayas* y *urubatingas*, referidas a Acuña.

punouis, oreguatus, aperas[233] y otros cuyos nombres no pude con certeza averiguar.

- NÚMERO LXIX

Isla grande de los tupinambás

Veinte y ocho leguas de la boca de este río, caminando siempre por la mesma banda del sur, está una hermosa isla que tiene sesenta de largo y consiguientemente más de ciento de circuito, poblada toda de los valientes tupinambás, gente que de las conquistas del Brasil, en tierras de Pernambuco, salieron derrotados muchos años ha, huyendo del rigor con que los portugueses les iban sujetando.

Salieron tan gran número de ellos que, despoblando a un mesmo tiempo ochenta y cuatro aldeas donde estaban situados, no quedó de todos ellos ni una criatura que no trajesen en su compañía.

Cogieron siempre a mano izquierda las faldas de la cordillera que, viniendo desde el estrecho de Magallanes, ciñe toda la América y descabezando cuantos ríos tributan de ella en el océano llegaron algunos a entrarse con españoles del Perú que habitaban en las cabezas del río de la Madera. Estuvieron con ellos algún tiempo y porque un español azotó a uno por haberle muerto una vaca, aprovechándose de la ocasión del río, se arrojaron todos por sus corrientes, viniendo a dar en la isla que al presente habitan.

Hablan estos indios la lengua general del Brasil, que también corre casi entre todos los de las conquistas del Marañón y Pará.

Dicen también que como salieron tantos, que no pudiendo por aquellos desiertos sustentarse todos juntos, se fueron dividiendo en tan dilatado camino que por lo menos será de más de novecientas leguas, quedando unos a poblar unas tierras y otros, otras, de quienes sin duda estarán bien llenas todas aquellas cordilleras.

Son gente de grande brío en la guerra y bien lo mostraron los que llegaron a estos parajes, donde al presente habitan, pues siendo ellos sin comparación, muchos menos que los naturales de este río, de tal suerte

---

[233] *guaranaguacas, maraguas, quimaus, burais, punouys, oreguatus, aperas*: para todas estas tribus Markham solo trae la mención de Acuña (en su lista viene la variante *punouoys*).

los asolaron y sujetaron a todos aquellos con quienes tuvieron guerras que, consumiendo naciones enteras, a otras obligaron a dejar de miedo su natural y irse peregrinos a tierras extrañas.

Usan estos indios de arco y flecha que con destreza disparan.

Son de corazones nobles y ahidalgados, si bien, como ya casi todos los que al presente hay son hijos y nietos de los primeros pobladores, ya se van acomodando a las bajezas y mañas de los de la tierra con cuya sangre están mezclados.

Mostráronnos todos grande agasajo, dando muestras de que en breve se habían de reducir a vivir entre los indios amigos del Pará, cosa que será sin duda de mucho útil para conquistar todas las demás naciones de este río si se hubiere de poblar, pues a solo el nombre de tupinambás no hay ninguna de ellas que no se rinda.

- NÚMERO LXX

Noticias que dieron los tupinambás

De estos indios tupinambás, como de gente de más razón y que no necesitan de intérpretes por correr, como ya dije, entre ellos la lengua general, que muchos de los mesmos portugueses hablan con eminencia por ser nacidos y criados en aquellas costas, tuvimos algunas noticias que aquí diré que, como de gente que tiene corrido y sujeto todo lo circunvecino a su juridición se pueden tener por ciertas.

Dicen que cercanos a su habitación, a la banda del sur en tierra firme viven, entre otras, dos naciones: la una de enanos tan chicos como criaturas muy tiernas que se llaman guayacís[234]; la otra es de una gente que todos ellos tienen los pies al revés, de suerte que quien no conociéndolos quisiese seguir sus huellas, caminaría siempre al contrario que ellos. Llámanse mutayus[235] y sonles tributarios a estos tupinam-

---

[234] *guayacís*: no viene en la lista de Markham. No hace falta anotar tradiciones fabulosas sobre hombres pequeños, razas de pigmeos, etc., a veces inspiradas en datos reales, pero generalmente construcción de la fantasía.

[235] *mutayus*: a estos los lista Markham en la entrada *mutayas*. Estas gentes con los pies al revés son viejas conocidas de los repertorios de monstruos y prodigios. Aparecen ya en Megástenes (hacia el 303 antes de Cristo) quien los sitúa en la India. A veces se aplica esta característica a los antípodas: San Isidoro en *Etimologías*,

bás de hachas de piedra para el desmonte de los árboles cuando quieren cultivar la tierra, que las hacen muy curiosas y de continuo se ocupan en labrarlas.

A la banda de enfrente, que es la del norte, dicen que están continuadas siete provincias bien pobladas, pero que por ser gente para poco y que solo se sustentan con frutas y animalillos silvestres, sin jamás sustentar guerras entre sí, ni con otros, no hacen de ellos caso.

También afirman que con otra nación que confina con esta tuvieron paces mucho tiempo, habiendo comercio entre ellos de lo que cada uno en su provincia abundaba y lo principal de lo que los tupinambás se proveían era de sal, que los amigos les traían por sus rescates, que afirmaban venirles de otras tierras vecinas a las suyas, cosa que si se descubriese sería de grande utilidad para la conquista y poblaciones de este río. Y cuando aquí no se halle, se ha de descubrir en grande abundancia en un río de los que bajan de hacia el Perú, de donde el año de treinta y siete, estando yo en la ciudad de Lima salieron dos hombres que de lance en lance aportaron por aquellas partes a cierto paraje donde bajando por uno de los ríos que en este principal desaguan, dieron con un gran cerro todo de sal, de que los moradores tenían el estanco, sustentándose ricos y abundantes con las pagas que por ella recibían de los que de más lejos la venían a contratar. Y no es nuevo en el Perú y en todas sus cordilleras tener cerros de sal de piedra excelente pues esta es la que en todo él se gasta, sacándola de su natural con barretas aceradas, en pedazos tan grandes que tienen a cinco y seis arrobas cada uno.

Ocupa esta provincia de los tupinambás sesenta y seis leguas de largo, que fenece en una buena población que está situada en tres grados de altura, como también lo estaba la primera de los indios aguas, de que ya hicimos arriba mención.

XI, 3, 24: «los antípodas tienen las plantas de los pies vueltas hacia la parte posterior de las piernas y ocho dedos en cada pie»; este detalle permite relacionarlo con Plinio, *Historia natural*, 7, 2, quien citando a Megástenes añade el dato de los ocho dedos: «Cuenta Megástenes que en el monte llamado Milo se hallan hombres que tienen vueltos los pies hacia atrás y en cada uno de ellos ocho dedos».

• NÚMERO LXXI

Dan noticia de las amazonas

Con el dicho también de estos tupinambás confirmamos las largas noticias que por todo este río traíamos de las afamadas amazonas, de quienes él tomó el nombre desde sus primeros principios, no le conociendo por otro ninguno sino por este todos los cosmografios que de él hasta hoy han tratado. Y fuera cosa de admiración, que sin muy graves fundamentos hubiera usurpado el nombre de río de las Amazonas pudiéndole cualquiera dar en rostro[236] de que por él se quería hacer famoso con no más razón que de vestirse de lo ajeno.

No me lo persuado yo de su nobleza ni es creíble que teniendo este gran río tantas grandezas de que echar mano solo quisiese gloriarse del título que no le competía. Bajeza ordinaria de quien no valiendo por sus brazos alcanzar la honra que desea, la procura mendigar del vecino.

Los fundamentos que hay para asegurar provincia de amazonas en este río son tantos y tan fuertes que sería faltar a la fe humana el no darles crédito[237]. Y no trato de las graves informaciones que por orden

---

[236] *dar en rostro*: acusar.

[237] *amazonas*: no todos los cronistas aceptan a las amazonas con esta credulidad. Aguilar escribe en *El Marañón*, lib. I, cap. 10: «También pudiera decir la causa por qué llamaron a este río de las Amazonas. Bastará advertir que cayeron en error los españoles que le llamaron ansí solo por haber visto en él mujeres con arcos y flechas que peleaban, siendo común entre muchas naciones bárbaras pelear también las mujeres y usar de flechas y arco en nuestro tiempo. Un religioso, cuyo nombre callo porque no pierda su crédito, que debió ver de lejos este río, movido de bien flacos indicios osó afirmar al rey nuestro señor que hay en él amazonas, y a mí me dijo (no sin gran risa mía de oír tal desatino) que había visto una muerta, pintándomela como las escitas del Tanais o como las de Termodonte, de quien hacen mención los antiguos. Y la verdad que esto tenga júzguenlo los que por este río han discurrido y hecho por él muchas entradas. Lo que yo sé es que por esto y otras cosas ridículas que llevó pintadas en un lienzo le mandó dar su majestad trecientos pesos ensayados de renta en sus reales cajas del Pirú». López de Gómara también se burló de esta creencia: «que las mujeres anden allí con armas y peleen no es mucho decir, pues en Paria que no está muy lejos y en otras muchas partes de Indias así acostumbran; ni creo que ninguna mujer se corte y queme el pecho derecho para tirar el arco [...], ni creo que maten o destierren a sus propios hijos, ni que vivan sin marido siendo lujuriosas. Otros, además de Orellana, han levantado semejante hablilla de amazonas después de descubrirse las Indias, y nunca tal

de la real audiencia de Quito se hicieron con los naturales que le habitaron muchos años, de todo lo que en sus riberas contenía, en que una de las principales cosas que se aseguraban era el estar poblado de una provincia de mujeres guerreras que, sustentándose solas sin varones, con quienes no más de a ciertos tiempos tenían cohabitación, vivían en sus pueblos, cultivando sus tierras y alcanzando con el trabajo de sus manos todo lo necesario para su sustento.

Tampoco hago mención de las que por el Nuevo Reino de Granada, en la ciudad de Pasto, se hicieron con algunos indios y en particular con una india que dijo haber ella misma estado en sus tierras donde estas mujeres están pobladas, conviniendo en todo con lo que ya se sabía por los primeros dichos. Solo echo mano de lo que oí con mis oídos y con cuidado averigüé desde que pusimos los pies en este río, en que no hay generalmente cosa más común y que nadie la ignora que decir habitan en él estas mujeres, dando señas tan particulares que conviniendo todos en unas mesmas, no es creíble se pudiese una mentira haber entablado en tantas lenguas y en tantas naciones, con tantas colores de verdad.

Pero donde más luz tuvimos del sitio donde viven estas mujeres, de sus costumbres, de los indios que las comunican, de los caminos por donde se entra a sus tierras y de los naturales que los pueblan (que es la que aquí daré) fue en la última aldea donde da fin la provincia de los tupinambás.

- NÚMERO LXXII

Río de las Amazonas

Treinta y seis leguas de esta aldea, corriendo río abajo está a la banda del norte el de las Amazonas que con nombre de río Cunurís[238] es conocido entre aquellos naturales. Toma este río el nombre de los primeros indios que sustenta en su boca, a quienes se siguen los apantos[239], que hablan la lengua general de todo el Brasil.

cosa se ha visto ni se verá tampoco en este río» (*Historia general de las Indias*, p. 139).
[238] *Cunurís*: el tramo aquí considerado como del Amazonas es el actual río Jamundas, más conocido como Nhamunda.
[239] *apantos*: de los apantos dan noticia Acuña, Martius, Hervás... Ver Markham, 1910, p. 83. Son una rama de los tupí.

Tras estos están sitiados los taguaus y los últimos, que son los que comunican y comercian con las mismas amazonas, son los guacarás[240].

Tienen estas mujeres varoniles su asiento entre grandes montes y eminentes cerros, de los cuales el que más se descuella entre los otros y que como más soberbio es combatido de los vientos con más rigor, a cuya causa toda la vida se muestra escalvado y limpio de hierba, se llama Yacamiaba[241]. Son mujeres de gran valor y que siempre se han conservado sin ordinario comercio de varones y, aun cuando estos por concierto que con ellas tienen vienen cada año a sus tierras, los reciben con las armas en las manos, que son arcos y flechas, que juegan por algún espacio de tiempo, hasta que satisfechas de que vienen de paz los conocidos y dejando las armas, acuden todas a las canoas o embarcaciones de los güéspedes y cogiendo cada una la hamaca que halla más a mano que son las camas en que ellos duermen, la llevan a su casa y colgándola en parte donde el dueño la conozca le recibe por huésped aquellos pocos días, después de los cuales ellos se vuelven a sus tierras, continuando todos los años este viaje por el mismo tiempo.

Las hijas hembras que de este ayuntamiento las nacen conservan y crían entre sí mesmas, que son las que han de llevar delante el valor y costumbres de su nación, pero los hijos varones no hay tanta certeza de lo que con ellos hacen. Un indio, que siendo pequeño había ido con su padre a esta entrada, afirmó que los hijos varones los entregaban a sus padres cuando el siguiente año volvían a sus tierras, pero los demás, y es lo que parece más cierto por ser dicho más común, dicen que en reconociéndolos por tales les quitan la vida.

El tiempo descubrirá la verdad y si estas son las amazonas afamadas de los historiadores.

Tesoros encierran en su comarca para enriquecer a todo el mundo.

Está la boca de este río, que pueblan las amazonas, en dos grados y medio de altura.

---

[240] *taguaus, guacarás*: de estos Markham aporta las menciones de Acuña solamente.

[241] *Yacamiaba*: prácticamente todas las referencias a este cerro que hallamos (pueden rastrearse en internet) remiten a este pasaje de Acuña.

- NÚMERO LXXIII

Estrechura de todo el río

Pasada la boca de este río de las Amazonas y corriendo veinte y cuatro leguas del principal, desagua a la mesma banda del norte otro mediano, que se llama Urixamina[242], que sale a aquel paraje donde, como ya dije arriba, se estrecha este gran río en espacio de poco más de un cuarto de legua, donde ofrece apacibles sitios para plantar de una y otra banda dos fortalezas, que no solo impidan el paso al enemigo que por la parte del mar le intentare, sino que también sirviendo de aduanas se registre en ellas todo lo que por este río de las Amazonas, si se poblare, será fuerza que baje del Perú.

Desde este paraje que está, como arriba dije, más de trecientas y sesenta leguas de la mar, se comienzan a sentir sus mareas, reconociéndose todos los días crecientes y menguantes, aunque no tan a las claras como de algunas leguas más adelante.

- NÚMERO LXXIV

Río y nación de Tapajosos

Cuarenta leguas de esta estrechura desemboca por la banda del sur, el grande y vistoso río de los Tapajosos[243], tomando el nombre de la nación y provincia que sustenta en sus orillas, que es muy poblada de bárbaros, en buenas tierras y de abundantes mantenimientos.

Son estos tapajosos gente de bríos y que les temen muchas de las naciones circunvecinas, porque usan de tal ponzoña en sus flechas que con solo llegar a sacar sangre quitan sin remedio la vida. Y a esta causa

---

[242] *Urixamina*: se ha identificado este río como el Trombetas. Ver Bernardo Pereira de Berredo e Castro, *Annaes historicos do estado do Maranhão, em que se dá noticia do seu descobrimento, e tudo o mais que nelle tem succedido desde o anno em que foy descuberto até o de 1718*, p. 179, disponible en la web <http://www.cchla.ufpb.br/pergaminho/1749_annaes_-_berredo.pdf>.

[243] *tapajosos*: comp. *Descubrimiento del río*, p. 320: «llegó con su nao hasta la provincia de los trapajosos, que dista 200 leguas del Gran Pará». En junio de 1542 Orellana hizo una parada con sus bergantines en una isla de la entrada de este río Tapajoz.

los mesmos portugueses les recelaron la comunicación por mucho tiempo, deseando por bien traerles a su amistad, a que nunca salieron del todo porque les obligaban con ellas a dejar su natural y venirse a poblar entre los ya pacíficos, cosa que sienten mucho estas naciones, si bien en sus tierras recibían con buen agasajo a los nuestros, como lo experimentamos alojados junto a un pueblo suyo de más de quinientas familias, de donde todo el día no cesaron de venir a rescatar gallinas, patos, hamacas, pescado, harinas, frutas y otras cosas, con tanta seguridad que mujeres y niños no se apartaban de nosotros, ofreciendo que si los dejasen en sus tierras viniesen muy en hora buena a poblarlas los portugueses, que los recibirían y servirían de paz toda la vida.

- NÚMERO LXXV

Opresión que hicieron los portugueses

No bastaron los humildes ofrecimientos de estos tapajosos para personas tan interesadas como son las de estas conquistas y que solo emprenden dificultades con la codicia de los esclavos que esperan rescatar para que fuesen admitidos o por lo menos puestos en toda razón y conveniencia, sino que, sospechando tenía esta nación muchos en su servicio, trataron con toda fuerza a título de rebeldes irles a ofrecer cruda guerra. Esta se estaba disponiendo cuando llegamos de nuestra jornada al fuerte del Destierro[244], donde se juntaba la gente para tan inhumana facción. Y, aunque por los mejores medios que pude la procuré, ya que no impedir, a lo menos suspender hasta que hubiese nuevo orden de su majestad y el sargento mayor del estado, cabo y caudillo de todos, que era Benito Maciel, hijo del gobernador, me dio su palabra de que no proseguiría con su intento hasta tener aviso de su padre, apenas volví la cabeza, cuando con la más gente que pudo, en una lancha con piezas de artillería y en otras embarcaciones menores, dando sobre ellos de improviso, les ofreció cruda guerra si no querían buena paz. Esta admitieron luego ellos con buena voluntad, como siempre la habían ofrecido, tendidos a todo lo que quisiese disponer de sus personas.

[244] *fuerte del Destierro*: el Forte do Desterro estaba en la margen derecha del Uacarapi, afluente de la margen izquierda del Amazonas, en Pará. Lo construyó en 1623, Bento Maciel Parente, cuando asumió el gobierno de la capitanía.

Mándales entregar todas las flechas herbadas de ponzoña que tenían, que era de lo que más se podían recelar, a que los miserables obedecieron luego al punto y viéndolos ya desarmados cogen gran cantidad de bárbaros y enciérranlos todos como carneros en un corral fuerte con suficiente guarda, sueltan los indios amigos que llevaban, que para hacer mal cada uno es un diablo desatado, que en breve tiempo saquearon todo el pueblo sin dejar cosa en el que no asolasen aprovechándose, como me contó quien lo había visto, de las hijas y mujeres de los afligidos presos a vista de sus mesmos ojos y haciendo cosas que me aseguró esta persona que es bien antigua en aquellas conquistas, que por no verlas, no solo dejaría de comprar esclavos pero que aún daría de balde los que poseía.

No paró aquí la crueldad de los portugueses, que como iba envuelta en codicia de esclavos, no quedaba satisfecha hasta verse señora de ellos. Amenazan los indios encorralados y temerosos, atemorízanles de nuevo con nuevos rigores para que ofrezcan esclavos, asegurándoles que con esto no solo quedarán libres, sino amigos suyos y cargados de herramientas y lienzo de algodón que les darían por ellos.

¿Que habían de hacer los miserables, presos ellos, quitadas las armas, saqueadas sus casas, oprimidas sus mujeres y hijos, sino rendirse a todo lo que de ellos quisiesen hacer? Ofrecen mil esclavos, envían por ellos, que con el alboroto de la tierra se habían puesto en cobro[245], y no pudiendo juntar más de pocos más de ducientos, entréganlos y con palabra de que cumplirán los restantes, dejan libres a los que por verse así ofrecieran sus mismos hijos por esclavos, como muchas veces ha acontecido.

Despachan todos estos al Marañón y Pará, que yo vi con mis ojos, y saboreados de la presa, disponen luego otra mayor en otra nación más adentro del río de las Amazonas, donde serán sin duda mayores las crueldades porque van menos personas de valor que puedan ir de la mano al que lleva el cargo de todos, con que quedará el río tan alborotado, que cuando su majestad quiera que se pacifique, habrá de tener muy grandes dificultades, siendo así que como yo le dejé cuando salí de él a muy poca costa se pudiera hacer.

---

[245] *en cobro*: «seguro o seguridad y resguardo; en fuerza de lo cual comúnmente se dice poner alguna cosa en cobro, ponerse uno en cobro, esto es, asegurarla, o asegurarse y resguardarse» (*Aut*).

Estas son las conquistas del Pará, este el trato de que se sustentan y esta la justísima causa porque todos andas arrastrados sin tener un pan que comer.

Y si no fuera por los servicios que han hecho a entrambas majestades divina y humana en resistir valerosamente al enemigo holandés que varias veces han vencido en aquella tierra, ya nuestro Señor la tuviera asolada.

Volviendo pues a la de los tapajosos y al famoso río que baña sus riberas digo que es de tan buen fondo, que por él arriba muchas leguas subió en tiempos atrás una nao inglesa de gran porte que pretendiendo hacer asiento en esta provincia y entablar cosechas de tabacos con los naturales, les ofrecieron buenos partidos, pero ellos dando de improviso en los ingleses, no aceptaron otro que matar los que pudieron haber a las manos y aprovechándose de sus armas que hoy en día tienen, les hicieron dejar la tierra más aprisa de lo que habían venido, excusando la gente que quedó en la nao con hacerse luego a la vela otro encuentro semejante en que del todo quedasen consumidos.

- NÚMERO LXXVI

Curupatuba

A pocas más de cuarenta leguas de la boca del río de los Tapajosos, está el de Curupatuba[246], que desaguando en el principal de las Amazonas, a la banda del norte, da nombre a la primera población o aldea que de paz tienen los portugueses a devoción de su corona.

No muestra este río ser muy caudaloso de aguas pero sí de tesoros, si los naturales de él no nos engañan, los cuales afirman que subiendo por este río que ellos llaman con nombre de Iriquiriqui, camino de seis días se halla gran cantidad de oro, que lo cogen en las orillas de un riacho pequeño, que baña las faldas de un mediano cerro llamado Yaguaracuru[247].

---

[246] *Curupatuba*: «Río de la provincia y país de las amazonas o parte de la Guayana que poseen los portugueses; nace en la sierra de Tumucuraque, corre muchas leguas al mediodía entre los ríos Ubucuara a levante y Trombetas a poniente, y entra en el Marañón por la parte boreal [...] Tiene el mismo nombre un pueblo de los portugueses, reducción de estos indios, situado a orilla del río antecedente, de quien toma la denominacion» (Alcedo, *Diccionario, s. v.*).

[247] *Iriquiriqui... Yaguaracuru*: el oro se llama en tamanaque *caricuri*, en caribe *caricuru*, en peruano *cori* (*curi*): el nombre del cerro Yaguara-*curu* debe de aludir a un

Dicen también que cerca de este está otro sitio cuyo nombre es Picuru[248], donde han sacado muchas veces otro metal más duro que el oro, de color blanco, que sin duda es plata, de que labraron antiguamente hachas y cuchillos, pero que viendo no ser de provecho y que luego se mellaban no hicieron más caso de él.

Hay en este mismo distrito dos sierras que la una, según las señas que dan los indios, es de azufre, y de la otra, que se llama Paraguajo[249], aseguran que cuando la da el sol y también en las noches claras resplandece de suerte que toda ella parece esmaltada de rica pedrería y de

---

territorio aurífero, como el del río Iri-*quiri*-qui. Ver el texto de Humboldt *Viaje a las regiones equinocciales del nuevo continente* y su nota correspondiente en la web <http://www.lablaa.org/blaavirtual/geografia/viage5/viageqi1f.htm#(140)>. El mismo Humboldt en su descripción (citamos por la web mencionada) dice de estos montes y ríos: «La línea de cumbres de esta cordillera, que puede seguirse en una dirección S. 85° E. desde el pico Duida, cerca de la Esmeralda (lat. 3° 19'), hasta los raudales del río Manaya, cerca del cabo Norte (lat. 1° 50') divide, bajo el paralelo de 2°, los manantiales boreales del Esquibo, del Maroní y del Oyapock, de los manantiales meridionales del río Trombetas, del Curupatuba y del Parú. Los contrafuertes más meridionales de esta cordillera se aproximan al Amazonas, a 15 leguas de distancia. Bajando este río, son las primeras alturas que se perciben, después de haber dejado Jeberos y la boca del Huallaga. Se ven constantemente cuando se navega desde la embocadura del río Topayos hacia la del Parú, y desde la ciudad de Santarem hasta Almeirim. Es poco mas o menos en el meridiano de la primera de estas ciudades, que se halla el pico Tripupu célebre entre los indios del Alto Maroní. Aseguran que más al este, en Melgaço, se distinguen aún al horizonte las Serras de Velho y de Paru. Los verdaderos límites de esta cordillera de los manantiales del río Trombetas son más conocidos hacia el sur que hacia el norte, donde un país montuoso parece adelantarse en las Guayanas holandesa y francesa hasta 20 ó 25 leguas de la costa».

[248] *Picuru*: Alcedo recoge un río Picurú, que sitúa en al territorio de Cuyaba y que se une con el Ipiagui.

[249] *Paraguajo*: Humboldt comenta sobre este fenómeno del Paraguajo que menciona Acuña (citamos por el texto inglés recogido en la web <http://infomotions.com/etexts/gutenberg/dirs/etext05/qnct310.htm)>): «On the north of the confluence of the Curupatuba and the Amazon, says Acunha, is the mountain of Paraguaxo, which, when illuminated by the sun, glows with the most beautiful colours; and thence from time to time issues a horrible noise (revienta con grandes truenos). Is there a volcanic phenomenon in this eastern part of the New Continent? or is it the love of the marvellous, which has given rise to the tradition of the bellowings (bramidos) of Paraguaxo? The lustre emitted from the sides of the mountain recalls to mind what we have mentioned above of the miraculous rocks of Calitamini, and the island Ipomucena, in the imaginary Lake Dorado».

cuando en cuando revienta con grandes estruendos, muestra cierta de que en sí encierra piedras de mucho valor.

- NÚMERO LXXVII

Río Ginipape

No promete menos tesoros, según noticias comunes, el río de Ginipape[250] que corriendo por la misma banda del norte, desemboca en el de las Amazonas a las sesenta leguas más abajo de la aldea de Curupatuba, de quien dicen los indios tanto del mucho oro que en sus orillas se puede recoger que si ello es así solo este río dejará atrás con sus haberes los mayores de todo el Perú.

Las tierras que este río riega son de la capitanía de Benito Maciel Pariente, gobernador del Marañón, que fuera de ser ellas solas más que toda España junta y haber en ellas muchas noticias de minas, son en sí por la mayor parte del mejor migajón y para rendir mayores frutos y provechos que cuantas hay en este inmenso río de las Amazonas.

Están todas a la banda del norte, contienen en sí grandes provincias de bárbaros y lo que es más de estima, encierran debajo de su juridición las afamadas y dilatadas tierras del Tucujú[251], tan suspirado y tantas veces poblado, aunque con su daño, del enemigo holandés, que reconociendo en ellas las mayores comodidades del mundo para enriquecer sus moradores jamás las puede olvidar.

Son no solo a propósito para grandes cosechas de tabacos y capaces de las mejores de lo descubierto para muchos ingenios de azúcar y agradecidas con sus mantenimientos a cualquier pequeño cultivo que en ellas haya, sino también de excelentes campiñas que con abundantes pastos sustentarán infinitos ganados.

En esta capitanía, seis leguas de donde desagua Ginipape, el río arriba de las Amazonas, está un fuerte de portugueses que llaman del Destierro, con treinta soldados y algunas piezas de artillería, que para lo que toca a defender el río no sirve de nada, autorizando solo la dicha capitanía y teniendo en algún temor los indios que de ella se van reduciendo.

---

[250] *Ginipape*: es el río Parú. Dice Alcedo (*Diccionario, s. v. Parú*): «Tiene el mismo nombre [Parú] un río de esta provincia que los portugueses llaman Ginapape».

[251] *Tucujú*: región del Gran Pará poblada por los indios del mismo nombre.

Este fuerte quitó Benito Maciel con brazo de gobernador, del Curupa, que cae treinta y seis leguas más abajo, donde por muchos años estuvo situado en muy buen sitio y donde las naos enemigas venían a reconocer de ordinario.

- NÚMERO LXXVIII

Río Paranaíba

Diez leguas más abajo del río Ginipape sale a la banda del sur uno muy vistoso y caudaloso, que con dos leguas de boca entra rindiendo parias al principal. Llámanle los naturales Paranaíba[252], están en sus riberas algunas poblaciones de indios amigos que teniendo asiento en sus primera entradas obedecen los órdenes de los portugueses que los gobiernan. Y en lo más interior viven otros muchos de quienes y de lo demás que este río contiene aún no hay suficientes noticias.

- NÚMERO LXXIX

Río Pacajá

Desde dos leguas más abajo del Ginipape comienza a dividirse en grandes brazos el río de las Amazonas, que causan la multitud de islas que hasta desembocar en el océano en él se conocen pobladas todas de diferentes naciones y lenguas, si bien las más entienden la general de aquella costa.

Son estas islas tantas y las naciones que las habitan tan diversas que solo para ellas era menester una nueva historia. Con todo, nombraré aquí algunas de las más conocidas, como son las de los tapuyas, anajiases, mayanases, engaibas, bocas, juanes y la de los valientes pacajás[253], que en las riberas del río de quien tomaron nombre que sale ochenta leguas del

---

[252] *Paranaíba*: comp. *Nuevo descubrimiento del río Marañón*, p. 304: «salen algunos ríos que entran en el nuestro de San Francisco, y en particular uno que llaman Paranaíba, que tendrá de ancho más de una legua».

[253] *tapuyas, anajiases, mayanases, engaibas, bocas, juanes, pacajás*: para casi todos ellos Markham solo aporta los lugares de Acuña; en la lista de Markham los juanes salen como *juanas*. Sobre una isla de los Joanes ver Chantre, 1901, p. 56.

Paranaíba, a la mesma banda tienen su habitación y en tanto número así las aldeas como de moradores, según afirman los portugueses que allá estuvieron, como cualquiera otra de las más pobladas de nuestro río.

- NÚMERO LXXX

Población del Conmutá

A cuarenta leguas del Pacajá está situada la aldea del Conmutá[254], que en aquellas conquistas fue en tiempos pasados de grande fama, así por sus muchos moradores como por ser allí donde de ordinario se aprestaban las armadas cuando habían de hacer sus correrías. Pero ya no le ha quedado ni gente, por habérsele mudado a otras tierras, ni mantenimientos, por no haber quien los cultive, ni otra cosa más que el sitio antiguo con pocos naturales, siempre bueno y que con su apacibilidad y linda vista está brindando hermosura y comodidades a los que le quisiesen poblar.

- NÚMERO LXXXI

Río de los Tocantines

A las espaldas del Conmutá desemboca el río de los Tocantines que, aunque en aquellas partes tiene nombre de rico y al parecer con algunos encarecimientos, ninguno ha conocido su caudal sino solo el francés, que cuando poblaba sus costas cargaba naos de sola la tierra que de sus orillas sacaba para, beneficiándola en la suya, enriquecerla, sin atreverse jamás a mostrar tales tesoros a los bárbaros que en él habitan, receloso de que haciendo de ellos la estima que era razón, sin duda los defenderían con las armas, para no se dejar desposeer de tantas riquezas.

A las cabezadas de este río aportaron ciertos soldados portugueses que desde Pernambuco, con un sacerdote en su compañía, atravesaron todas las faldas de las cordillera en busca de nuevas conquistas y queriendo por él abajo navegar hasta darle fin, ellos le tuvieron desastrado

---

[254] *Conmutá*: comp. *Descubrimiento del río*, p. 320: «hay otra población pequeña de portugueses a la banda del sur, que llaman Conmutá». Es Cametá o Camutá, en la confluencia del río Tocantins, como dice en el número siguiente.

a manos de los tocantines en cuyo poder se halló no ha muchos años el cáliz con que el buen sacerdote les decía misa en sus peregrinaciones.

- NÚMERO LXXXII

El Pará

Treinta leguas del Conmutá tiene su asiento la fortaleza del Gran Pará, poblada y gobernada por portugueses.

Hay en ella capitanía mayor, que es sobre todos los de aquella capitanía, y a quienes están sujetos otros tres capitanes de infantería, que de ordinario asisten con sus compañías para la defensa de aquella plaza, si bien así estos como aquel en todo obedecen al gobernador del Marañón, que tiene su asiento más de ciento y treinta leguas la costa arriba hacia el Brasil, de que nacen graves inconvenientes en el gobierno del Pará, que si este río se puebla será fuerza quede por dueño de él, como quien tiene en su mano la llave de todo. Y aunque es verdad que el sitio donde al presente está no es, a juicio de muchos, el mejor que se podría escoger, habiendo de ir este descubrimiento adelante, será fácil mudarse a la Isla del Sol, catorce leguas más a la mar, puesto en quien todos tienen los ojos, por los muchos cómodos que ofrece para la vida humana, así de capacidad y bondad en la tierra para el sustento de la población, como también por la comodidad de los navío que a ella aportaren, que en una ensenada segura de todos contrastes pueden estar todo el tiempo que quisieren y, cuando se hubieren de hacer a la vela, con la primera plenamar quedan desembocados de todos los bajos que hacen dificultosos estos puertos, que no es pequeña comodidad.

Es esta isla de más de diez leguas de circuito de buenas aguas, mucho pescado de la mar y del río y gente pobre, y al presente es de las principales a donde van del Pará de ordinario a cazar la carne que han menester para su sustento.

- NÚMERO LXXXIII

Entra en el mar el río de las Amazonas

Veinte y seis leguas de la Isla del Sol, debajo de la línea equinocial, esplayado en ochenta y cuatro de boca, teniendo por la banda del sur al

Zaparará[255] y por la contraria al Cabo de Norte, desagua en el océano el mayor piélago de aguas dulces que hay en lo descubierto, el más caudaloso río de todo el orbe, el fénix de los ríos, el verdadero Marañón, tan suspirado y nunca acertado de los del Perú, el Orellana antiguo y, para decirlo de una vez, el gran río de las Amazonas, después de haber bañado con sus aguas mil y trecientas y cincuenta y seis leguas de longitud, después de sustentar en sus riberas infinitas naciones de bárbaros, después de fertilizar inmensas tierras y después de haber pasado por el riñón de todo el Perú y como canal principal recogido en sí lo mejor y más rico de todas sus vertientes.

Este es en suma el nuevo descubrimiento de este gran río que, encerrando en sí grandiosos tesoros, a nadie excluye, mas antes a todo género de gente convida liberal a que se aproveche de ellos. Al pobre ofrece sustento, al trabajador satisfación de su trabajo, al mercader empleos, al soldado ocasiones de valer, al rico mayores acrecentamientos, al noble honras, al poderoso estados y al mesmo rey un nuevo imperio.

Pero quienes más interesados se han de mostrar en esta conquista son los celosos de la honra de Dios y bien de las almas, pues tanta multitud de ellas está ya clamando por fieles ministros del santo evangelio, para que con la claridad de él, se les ahuyenten las sombras de la muerte, en que ha tanto tiempo que miserables yacen. Y nadie se excuse de esta empresa, pues para todos hay campo descubierto y por muchos trabajadores que se conduzgan la mies será mayor y siempre necesitará esta nueva viña de nuevos y fervorosos obreros para que la cultiven hasta sujetarla toda debajo de las llaves de la Iglesia romana.

A que sin duda nuestro grande y católico rey Filipo Cuarto, que Dios nos guarde muchos y felices años, acudirá de su parte, con la liberalidad que acostumbra, en lo temporal, para el sustento de ministros tales. Y la santidad de nuestro muy santo padre Urbano Octavo de gloriosa memoria, como padre y cabeza que es hoy de la Iglesia, se monstrará en lo espiritual no menos liberal y benigno, teniendo a grande dicha que en sus tiempos se abra anchurosa la puerta para reducir al rebaño de la Iglesia de una vez más naciones juntas y más populosas de cuantas en toda la América desde sus primeros principios se descubrieron.

Laus Deo Virginique Matri.

---

[255] *Zaparará*: no hallamos más documentación. No figura en Alcedo.

MEMORIAL PRESENTADO EN EL REAL CONSEJO
DE LAS INDIAS SOBRE EL DICHO DESCUBRIMIENTO
DESPUÉS DEL REBELIÓN DE PORTUGAL

SEÑOR.

Cristóbal de Acuña, religioso de la Compañía de Jesús, que vino por orden de vuestra majestad al descubrimiento del gran río de las Amazonas, cuidadoso siempre de los mayores aumentos de su real corona y receloso de que acontecimientos menos favorables, vistos a nuestras puertas ahoguen y impidan el lucimiento de sus afectuosos servicios, dice que, aunque es verdad que la principal puerta de aquel nuevo mundo descubierto, para más en breve comenzar a gozar de los provechosos y ricos frutos que liberal ofrece, es la boca principal de él por la parte que desagua en el océano de las costas del Brasil, sujeta a portugueses y por eso menos sazonada para que de presente se procure esta entrada, pero que no por eso debe vuestra majestad desistir ni dilatar la posesión de este gran río, pues con más facilidad y muchos menos gastos lo podrá hacer por la provincia de Quito, en los reinos del Perú, por las mesmas entradas por donde él y sus compañeros bajaron. De que resultarán sin duda grandes servicios de Dios nuestro señor y de vuestra majestad, y se evitarán no menores inconvenientes que de no ejecutarlo en breve se experimentarán y quizá sin remedio. Lo cual se podrá efectuar sin gastos considerables de la real hacienda, con solo enviar orden a la chancillería de Quito para que capitule las entradas que más convenga, por los ríos que en su jurisdición desaguan en este principal, con algunas de las muchas personas que a su costa se ofrecen a hacer estas conquistas solo por los intereses que de ella se sacan, como son las encomiendas de los indios, repartir tierras, proveer oficios y otros semejantes. Cometiendo juntamente lo espiritual de ellas, en lo tocante a la conversión y enseñanza de los naturales a los religiosos de la Compañía de Jesús, cuyo instituto es este, ya que con no pequeño título en este particular descubrimiento pueden mostrar algún derecho, pues sus hijos no solo han aclarado a costa de sus trabajos y desvelos y aún de muchos ducados, las sombras de un nuevo y dilatado imperio que, bañado de este grandioso río, ofrece crecidos aumentos a la real corona de vuestra majestad, sino que por posesión de más de cuarenta años, adquirida con la sangre del dichoso padre Rafael Ferrer, derramada por los naturales, a quienes en los principios de este río predicaba, se les debe, continuando el no perder este derecho los padres de la Compañía que por Santiago de las Montañas ha años que cultivan con su doctrina los principales raudales de esta nueva conquista que para continuarse necesita en aquella provincia de Quito nuevos obreros de Europa que les ayuden en tan copiosa mies.

A que sin duda acudirá vuestra majestad con la piedad que siempre y la liberalidad que pide la necesidad extrema de tanta inmensidad de naciones diferentes. De que resultarán los provechos siguientes.

Lo primero, y que siempre lo es en el cristianísimo pecho de vuestra majestad, darase sin más dilaciones principio a la conversión de un nuevo mundo de infieles que, miserables yacen en la sombra de la muerte, obra tan del servicio de Dios que no se puede ofrecer otra que más le agrade y tal que por ella se dará por obligado a establecer con perpetuidad su corona, de vuestra majestad y de nuevo dilatarla a mayores imperios.

Lo segundo, ahorraranse los muchos gastos que como forzosos eran inexcusables si esta conquista se hubiera de hacer como se intentaba, por la boca del río, en conducir soldados, prevenir embarcaciones, juntar pertrechos y disponer todo lo necesario para formar nuevas poblaciones, que sin duda había de ser muchos. Lo cual todo se escusa con mandar que se comience esta conquista por las entradas de Quito, pues los particulares a quienes se cometiere harán con gusto todo el gasto y solo necesitarán para lo espiritual de ella de obreros y ministros aptos del evangelio que vuestra majestad envíe de España, por la extrema necesidad que de ellos hay en aquellas partes.

Lo tercero, comenzará vuestra majestad a poseer y gozar de lo que todos los señores reyes sus predecesores, desde el señor emperador Carlos Quinto, que Dios haya, digno bisabuelo de vuestra majestad, desearon, y con no pocos gastos y diligencias procuraron sujetar a su real corona. Para lo cual el año de mil y quinientos y cuarenta y nueve el mesmo señor emperador Carlos Quinto mandó dar a Francisco de Orellana tres navíos con suficiente gente y pertrechos para que en su real nombre tomase posesión de este gran río de las Amazonas (que nueve años antes él mesmo había navegado), por los muchos útiles que de ejecutarlo así lo esperaban, si bien las tormentas y muerte de casi todos los soldados les obligaron a que reducidos a una breve embarcación, arribasen a la Margarita, donde con su mal suceso cesaron las esperanzas que de muchos buenos se prometía España si les hubiera corrido mejor fortuna.

Y vuestra majestad desde los primeros principios de su reinado, que sea por muchos y felicísimos años, ocupó su desvelo en la conversión de esto mismo, cometiendo la ejecución de este descubrimiento a varias personas, como consta de sus reales cédulas, despachadas en esta conformidad, por los años de veinte y uno y veinte y seis y treinta y cuatro. La de veinte y uno, despachada a la real audiencia y cancillería de Quito, para que se capitulasen las condiciones que para el dicho descubrimiento fuesen convenientes, con el sargento mayor Vicente de Reyes Villalobos, gobernador y capitán general en aquella sazón, de los Quijos, juridición de Quito, que por llegarle sucesor en el gobierno no tuvo efecto. La de veinte y seis, despachada en favor de Benito Maciel Pariente, portugués de nación, para que por las provincias del Marañón y Gran Pará, que caen a la boca de este río, comenzase su descubrimiento, que tampoco se puso por obra por haberle mandado acudir a la guerra de Pernambuco. La de treinta y cuatro, despachada a Francisco Coello de Caravallo, portugués, gobernador que entonces era del Marañón y Pará con expreso orden de que con toda brevedad por personas de confianza y, si necesario fuese él mesmo, diese principio por aquellas partes a lo que tanto se deseaba, que nunca surtió efecto. Y, al presente, queriéndolo así vuestra majestad, tendrá feliz ejecución y en adelante se verán cada día mayores logros de lo que tan ardientes deseos prometían.

Lo cuarto, cerrarase con esto la puerta a que ninguno de los del Perú intente arrojarse con los tesoros de él por las corrientes de este río, por escusar los derechos que por Cartagena se pagan a vuestra majestad y huir de los riesgos de cosarios, que casi siempre son ordinarios por aquellas partes, que es cierto lo han de pretender, ocasionados de la facilidad con que lo podrán ejecutar, a que en ningún modo se atreverá nadie, asegurados los puertos principales de sus entradas, como de hecho lo quedaran con las personas que por ellos comenzaren la conquista.

Lo quinto, impedirse ha el trato y comunicación que tanto desean entablar los portugueses que asisten en la boca de este río con los de su nación del Perú, que en estos tiempos sería bien perjudicial. Y en ninguna manera se atreverán a intentarlo si supiesen desde luego se prevenía con tiempo su malicia, tomando las entradas de él. Y de que intenten esta comunicación los portugueses de aquella costa del Marañón y Pará cónstame con toda claridad, y como testigo de que lo oí tratar muchas veces entre ellos lo podré afirmar como cosa sin duda.

Lo sexto, reduciendo vuestra majestad a su obediencia las principales naciones de este río y en especial las que habitan en sus islas y orillas que son muy belicosas y que con valor ayudarán al que una vez reconocieren por dueño, en que habrá poca o ninguna resistencia por las muchas guerras que de continuo tienen unas con otras y sujeta una lo estarán con facilidad las demás, podrá por el mesmo río abajo, mejor aún que por la mar, echar de la boca de él a cualesquiera otros que con siniestro título la posean y asegurar por este camino los muchos riquísimos frutos que de él se esperan, que solo se dilatará el gozarlo lo que se dilatare el poseerle. Y dado caso que con brevedad, como esperamos, se ponga freno y castigue el mal mirado atrevimiento de los portugueses, y quede desembarcada la boca de este río para que por ella se prosiga la conquista, comenzada esta ya por las entradas de Quito, se hará más fácil y necesitará de menos gastos para concluirse con felicidad.

Lo séptimo se debe advertir con muy particular cuidado que ya los indios en todo el Perú y casi en todo lo descubierto y en especial en dondequiera que hay minas o otras granjerías de importancia que dependen de su trabajo personal, están tan acabados como lo podremos afirmar los que habemos corrido aquellas partes, y cada día van en tanta diminución que en breves años, por faltar ellos, habrán de cesar o por lo menos disminuirse en gran parte los muchos intereses que a su existencia están anexos, daño sin duda grande y que vuestra majestad con esfuerzo debiera prevenir con tiempo y remediar por todos los medios posibles, que no hay ni se pueden imaginar otros que tomar muy a pechos la conquista y conversión de este nuevo mundo, donde son tantos los naturales que le habitan que podrán poblar de nuevo todo lo despoblado del Perú, que si se sujetan al yugo del santo evangelio y con general paz, cesarán las continuas guerras con que cada día se consumen unos a otros, se aumentarán de suerte que rompiendo por cortos los límites que al presente les encierran será forzoso el dilatarse por más espaciosos reinos. Y cuando con ellos solos se beneficiaran las muchas minas y demás intereses que en sus naciones ofrece la fertilidad de la tierra, se debiera cual otro nuevo Perú aceptar luego su conquista, y con más la facilidad que aquí se ofrece.

Lo octavo, si sucediese que los portugueses que están en la boca de este río (que todo se puede presumir de su poca cristiandad y menos lealtad) quisieren, ayudados de algunas naciones belicosas que tienen sujetas, penetrar por él arriba hasta llegar a lo poblado del Perú o Nuevo Reino de Granada, aunque es verdad que por algunas partes hallaran resistencia, por otras muchas la hubiera muy poca, por salir a pueblos muy faltos de gente y en fin pisaran aquellas tierras vasallos desleales de vuestra majestad, que en reinos tan distantes pudiera solo este nombre de desleales causar gravísimos daños. ¿Pues qué, si unidos con el holandés como lo están muchos del Brasil, intentasen semejante atrevimiento? Ya se ve el cuidado que pudiera dar. Y que el holandés desee muchos años ha, y aun que procure con veras señorearse de este gran río, es cosa tan cierta que no dudó afirmarlo y publicarlo Juan Laeth[1], autor holandés en el libro que intituló *Utriusque Americae*, que sacó a la luz el año de treinta y tres, donde en el libro 17 cap. 15, *in fine*, dice estas palabras:

---

[1] *Juan Laeth*: se refiere a *Novus orbis seu descriptionis Indiae Occidentalis. Libri XVIII.* | [...] *Novis Tabulis Geographicis et variis* | *Animantium, Plantarum, Fructuumque* | *Iconibus illustrati.* (Anteportada) Joannis de Laet | *Americae Utriusque descriptio*. Se editó en Amberes en 1633. El latín es bastante macarrónico. Más o menos podría traducirse: «Sin embargo, tanto ellos (a saber, los ingleses e irlandeses) como los nuestros (o sea, los belgas) retenidos por los portugueses del Pará de manera arbitraria, y huidos, habían soportado un grave daño, para cuya reparación, y compensación de las injurias soportadas, se esfuerzan y apresuran con mayor ánimo en llevar a cabo su plan»; y el segundo texto «después de 1615 los portugueses se establecieron en las riberas del Pará, el cual es sin duda un brazo de este gran río, como ya hemos dicho, y acaso con intención de apoderarse del resto, a menos que lo impidieran los ingleses y nuestros belgas».

Verumtamen, tan hi (scilicet Angli &Hiberni) quam nostri (scilicet Belgi) a Portugalis e Pará venientibus, in opinato oppresi & fugati, non leve damnum fuerunt perpesi, ad quod resarciendum & acceptas injurias iundicandas maiori conatu & viribus, institutum repetere & urgere satagunt.

Y en el mismo libro, cap. 2 dice:

post annum autem 1615 Portugali ad Paraeripam qui sine dubio huius magni fluminis ramus est, caeperunt in colere, ut ante diximus & animum ad caetera forte adiiciente nisi ab anglis & belgis nostris impediantur.

De donde se colige bien claro que el dilatar el holandés la conquista de este gran río de las Amazonas de que en entrambos lugares habla el autor, es a más no poder, y no porque le falten deseos y estima de lo mucho que en ejecutarlo ha de interesar.

Prevenga pues vuestra majestad tan graves daños que este su fiel vasallo le propone y no permita se dé lugar a que algún día lloremos pérdidas en lo que al presente nos ofrecen crecidas ganancias.

Finalmente, si andando el tiempo, sujeto y allanado ya el paso de este gran río y aclaradas las entradas que a él hay por todo el Perú, la quisiese reducir a este viaje cuanto de aquellas partes enriquece a España me gloriara yo de haber hecho a vuestra majestad uno de los mayores y más provechosos servicios que de vasallo se pudieran esperar, con que no solo se ahorraban gran suma de ducados, en inmensos gastos que serán inescusables mientras durare el trajín de Panamá y Cartagena, que por este río por ser agua y ayudar sus corrientes serían muy moderados, sino que también (que es lo de más consideración) aseguraba vuestra majestad de una vez sus flotas y sin recelos de cosarios ponía en salvo todos sus tesoros, por lo menos hasta llegar al Pará, de donde en veinte y cuatro días por mar ancho con galeones, hechos en el mismo río a todos tiempos se ponían en España, sin que enemigo alguno les pueda guardar a la salida por ser la costa del Pará tal que ni dos días pueden los navíos fuera del río resistir a las corrientes de la mar, con que cesaran de una vez los continuos cuidados que cada día nos causa tan peligroso y dilatado viaje como es el de Cartagena.

Todo, señor, se remediará con lo que tengo propuesto en este memorial, a que solo añado que la mayor parte del buen suceso en esta materia será la brevedad en la ejecución.

Y si yo para algo fuere de provecho siempre estaré a los pies de vuestra majestad.

ÍNDICE DE NOTAS[1]

a prima faz: 75
a sombra de tejado: 112
abacatis: 147
abijiras: 123
abios: 88
acerabarís: 141
acuerdo: 60, 77
adargas: 91
aguainaús: 135
aguairas: 141
aguanatios: 115
Aguarico: 116
aguas: 115
Aguirre, Lope de: 64
Algodonal: 115
alturas: 78, 84
alucinar: 72
alzarse con: 82
amazonas, mujeres guerreras: 151
Amazonas: 61
Ambato: 117
anajiases: 160
anamaris: 147
andirova: 99
anduras: 135
Anete: 120
Antezana: 119

apacible: 73
apantos: 152
aperas: 148
aposentadoras: 72
Araganatuba: 134
Archidona: 117
asistir: 70, 137
Atlante: 51
atuais: 128
aturiaris: 135
Ávila: 117
azagaya: 106
azogue: 87
barba a barba: 84
barra: 84
bastimientos: 73
Basururú: 139
becavas: 122
betún: 88
bien agestados: 113
bocas: 160
boj: 82
brazos de río: 64
Brieva, fray Domingo de: 69
burais: 148
cabezas en prensa: 124
cabo: 56, 72, 109

---

[1] Los números remiten a las páginas. Las formas listadas corresponden a las anotadas (por ejemplo, *Putumayo*, no *río Putumayo*), con algunas adaptaciones para facilitar la localización y consulta.

Caboverde: 63
cachiguarás: 130
Caguán: 115
caguaraús: 135
cahuayapitis: 141
Canarias: 63
canizuarís: 141
caña brava: 107
cañafístola: 99
capa: 110
capitán mayor: 56
Caquetá: 82
carabuyanas: 139
carapanaris: 141
carás: 89
caribes: 69
caripunás: 138
Catúa: 134
cayanas: 147
Cayarí: 147
cazabe: 85
cedros: 100
ceibos: 100
chocolate: 101
chufias: 122
cinco panes y pocos peces: 97
Ciudad de los Reyes: 81
ciyus: 128
cobres: 103
Coca: 116
Coello, Francisco: 66
Cofanes: 68
comisario general: 58
comunicado: 78
Conde de Chinchón: 75
Conmutá: 161
conomomas: 129
Consejo de las Indias: 60
copaiba: 99
cornadillo: 103
corregidor: 77
correrse: 140
cotias: 96
criadillas de tierra: 89
cuartanas: 94

cuatausis: 137
Cuchiguará: 137
Cuenca: 77, 104
cumayarís: 137
cunas: 128
Cunurís: 152
curanaris: 147
Curaray: 118
Curiguacurá: 141
curigueres: 137
curinas: 125
curis: 130
curucirarís: 131
curucurus: 137
curupatabas: 141
Curupatuba: 157
cuyariyayanas: 137
dantas: 95
dar batería: 125
dar en rostro: 151
derrota: 70
Dioscórides: 100
Dorado: 104
dormidas: 73
Dulce, río: 142
echar menos: 96
embira: 101
en cobro: 156
encabellados: 68
enfastiados: 94
enferma: 74
engaibas: 160
enherboladas: 107
entrar: 122
erepunacas: 147
erizo: 88
estado de la inocencia: 109
estantía: 94
estólicas: 106
Etiopia: 52
Éufrates: 80
fecho: 59
Felipe, río de: 142
Ferrer, Rafael: 68
fuerte del Destierro: 155

ÍNDICE DE NOTAS

gigantes: 138
Ginipape: 159
granjeado: 71
gremio: 68
guacarás: 153
guairabas: 130
guanamas: 141
guanapuris: 135
guanarús: 129
guanibis: 135
Guánuco de los Caballeros: 81
guaquiaris: 137
guaraicús: 128
guaranaguacas: 148
guatinumas: 147
guayacaris: 135
guayacís: 149
hábito de Calatrava: 76
hoc opus, hic labor est: 126
hombro con hombro: 83
hormiga: 86
horros: 102
huirunas: 135
iguanas: 96
iguaranis: 135
industria: 71
ingenio: 102
Iquiari: 132
iquitos: 123
Iriquiriqui: 157
jarcia: 100
Jíbaros: 104
jornada: 71
Juan Laeth: 168
juanes: 160
Laeth: 168
laetificando: 80
lamas: 85
lector: 77
legua: 52
legua castellana: 83
lenguas: 132
leste: 83
levantarse con algo: 63
librillos: 131

liga: 87
línea equinocial: 67
Lope de Aguirre: 64
Lucano: 80
luego: 66
luzga: 52
macachera: 89
macaguas: 135
Macas: 118
Maciel, Benito: 165
mainas: 118
manacarus: 141
managús: 133
manatí: 90
mandioca: 85
mapiarús: 135
mar océano: 78
maraguas: 148
maraimumas: 135
Marañón: 61
Margarita: 63
marianas: 129
marirúas: 135
masato: 87
masipias: 135
matalotaje: 137
mayanases: 160
mayores: 74
mazapé: 102
Micoá: 114
mies: 68
migajones: 135
Mocoa: 82, 114
mopitirus: 135
moruas: 129
mucunes: 135
mutayus: 149
mutuanis: 137
Napo: 73
naturales: 67
naunas: 129
Negro, río: 84, 140
Nuevo Reino de Granada: 52
obreros: 74
oficiales vivos: 145

oidores: 59
omaguas: 105
ombligo en el lomo: 95
oreguatus: 148
Orellana: 62
Orsúa: 63
ozuanas: 129
pacajás: 160
pacas: 96
paguanas: 134
países: 98
Palacios, Juan de: 121
palo colorado: 100
palo hierro: 100
Pará: 56, 69
para poco: 143
Paraguajo: 158
paraíso, cuatro ríos: 80
Paranaguazú: 141
Paranaíba: 160
Paranamirí: 141
paraque: 94
parianas: 128
parrillas de palo: 91
Pasto: 115
Payamino: 72
pejebuey: 90
Pérez de Quesada, Fernán: 115
Pérez de Salazar, Alonso: 75
Pernambuco: 66
Picuru: 158
piezas esclavas: 144
piras: 135
plántanos: 88
Plinio: 100
poblar: 63
policía: 67
Popayán: 114
posta: 91
Potosí: 103
presidente: 59
propincuo: 72
proveído: 59
punouys: 148
puntualidad: 54

Putumayo: 116
qué mucho: 86
quietaba: 66
Quijos: 65
quimaus: 148
real: 96
regalada: 67
religión: 53
religiones: 74
religiosos de San Francisco: 67, 68
rescatar: 132
riñón: 62
Río del Oro: 116
Río Dulce, ver Dulce
Río Negro, ver Negro
Riobamba: 117
rodela: 82
rumos: 122
saíno: 95
San Agustín: 119
San Francisco del Quito: 56
Santa Fe de Bogotá: 115
Santiago de las Montañas: 118
sargento mayor: 64
seños: 122
serenos: 98
siguiyas: 135
simples: 99
Sinu Gangético: 78
sublime artífice: 52
sucumbíos: 116
suso: 59
taguaus: 153
tamaña: 51
tamas: 122
tapajosos: 154
Tapi: 134
tapuyas: 160
tecunas: 125
temblador: 94
temples: 67
terarús: 135
Timaná: 115
timbó: 93
tipunas: 129

tocantines: 105
Toledo, fray Andrés de: 69
tormentas desechas: 101
tórrida zona: 119
torvisco: 93
tres dobladas: 122
Trinidad: 64
Tucujú: 159
tucuris: 130
tupinambás: 85
Urixamina: 154
urubutingas: 147
urucú: 103
ururihaus: 147
Uza: 128
Vale: 55
Vázquez de Acuña, Juan: 76
vicio: 102
vino: 87
Yacamiaba: 153
yacariguaras: 128
yacucaraes: 141

yagotis: 96
yaguanais: 135
Yaguaracuru: 157
yamorúas: 135
yanmas: 141
Yetaú: 128
Yoriman: 136
yuca: 85
yuca brava: 88
yuca mansa: 88
Yupura: 132
Yurúa: 130
yurunas: 128
Yurupací: 132
yurusunes: 123
Zaparará: 163
zaparas: 123
zapucayas: 147
zarzaparrilla: 99
zuanas: 133
zurinas: 138, 147

TRIBUS O PARCIALIDADES INDÍGENAS ANOTADAS
(LAS REFERENCIAS EN LA LISTA DE VOCES ANOTADAS)

abacatis
abijiras
acerabarís
aguainaús
aguairas
aguanatios
aguas
anajiases
anamaris
anduras
apantos
aperas
atuais
aturiaris
becavas
bocas
burais
cachiguarás
caguaraús
cahuayapitis
canizuarís
carabuyanas
carapanaris
caripunás
cayanas
chufias

ciyus
cofanes
conomomas
cuatausis,
cuchiguarás
cumayaris
cunas
curanaris,
curiguerés
curinas
curis
curucirarís
curucurus
curupatabas
cuyariyayanas
encabellados
engaibas
erepunacas
guacarás
guairabas
guanamas
guanapuris
guanarús
guanibis
guaquiaris
guaraicús

guaranaguacas
guatinumas
guayacaris
guayacís
huirunas
iguaranis
iquitos
jíbaros
juanes
macaguas,
macas
mainas
manacarus
managús
mapiarús
maraguas
maraimumas
marianas
marirúas
masipias
mayanases
mopitirus
moruas
mucunes
mutayus
mutuanis
naunas,
omaguas
oreguatus
ozuanas
pacajás
paguanas

parianas
piras
punouys
quijos
quimaus
rumos
seños
siguiyas
sucumbíos
taguaus
tamas
tapajosos
tapuyas
tecunas
terarús
tipunas
tocantines
tucuris
tupinambás
urubutingas
ururihaus
yacariguaras
yacucaraes
yaguanais
yamorúas
yanmas
yurunas
yurusunes
zaparas
zapucayas
zuanas
zurinas

APÉNDICE. TRIBUS AMAZÓNICAS O DEL MARAÑÓN. ADDENDA A MARKHAM, 1910

La lista de Markham de las tribus amazónicas resulta una muy útil compilación de referencias para orientarse en las relaciones y crónicas del territorio marañón. El mismo autor ha ido revisando y completando esa lista que conoce incompleta. En algunos otros testimonios que no parece manejar se pueden hallar más datos. Añadimos en esta ocasión, como apéndice, una lista de las tribus y parcialidades indias recogidas por el P. Juan Magnin, *Breve descripción de la provincia de Quito, en la América meridional, y de sus misiones...*, [1740] (en Bayle, 1940), muy productiva —en su brevedad— para este tipo de menciones.

Marcamos con asterisco las tribus (o formas etnónimas) no mencionadas por Markham, que ascienden a cerca de 90, un número que nos parece muy apreciable para complementar la clásica lista de Markham, aunque pudiera, desde luego, ampliarse mucho.

abijiras
abispas*
aguanos (aguanas en Markham)
ahuaramanes*
ahuaras*
ahuarones*
ahuarunes*
aisuares*
amaonos (amaonas, Markham)
amenguacas*
andaquíes*
andarengos*
andoas
aracores*
archidonas*
arionas*
atahuates
aunalos*
barbudos
baulines*
cabachis*
cahuamaris (cahuamares, Markham)
cahuapanas
cambas*
canelos*
caramuris*

caschibos (cahisbos, Markham)
cayuisanas*
ceños (seños, Markham)
chamicuros (chamicuras, Markham)
changatas*
charuayes*
chayabitas
chiclonas*
chipeos (chepeos, Markham)
chitos*
chocoes*
cholones
chonchos (chunchos, Markham)
chubasos*
chudabinas
churitines (churitunas, Markham)
chutias (chufias, Markham)
cocamas
cocamillas
cofanes
cojimíes*
colorados*
coronados
cumacacores*
cumbinamos*
cunivos*
curiguajes*
cusitinabos (custiniabas, Markham)
cutinanas (cutinanos, Markham)
encabellados
fuines*
gamueses*
gayes
gitipos*
guacas*
guamicus*
hahuanahuas*
hahuanateos*
hamacacores*
huates*
hucales*
ichunacores*
ihinuris, ixinuris (iinoris, Markham)
inurus*
iquiabatas, iquiabates*

irananones*
itucales
jeveros
jíbaros
jibataones*
jurimaguas, yurimaguas
lamistos
macaguajes
mainas
mananabobos
maparinas
maschamaes (masamaes, Markham)
mayorunas
mayurines*
mehuanas*
meliquines*
miguianos (miguianas, Markham)
mochobos*
moholas*
moscochiores*
motilones
muenamocos*
muenos*
muniches
muratos
murciélagos*
muyanos*
nacaonos*
nahuapoes*
napeanos
napos*
negritos*
nehues (nehuas, Markham)
ocoguajes*
omaguas
oschicohores*
otanavis*
pambadequis (pambadequez, Markham)
panos (panas, Markham)
paranapuras, pasanapuras
parranos
patanahues*
patihuas*
pavas

payanzas (payansos, Markham)
pebas
pelados
periches★
pinches
pindaones★
piros (pirros, Markham)
porcanes★
quiribinas
recobas★
remos
roamainas
rumos
saparas
sapas★
sapetes★
schanenos★
schimigayes (simigaes, Markham)
schopsicasas★
sensaguajes★
seones, o senones★
sisevos★
sucumbíos

tabalosos
támanos (tamoenos, o tamuanas, Markham)
tamas
tangasapanas★
tenas★
tibilos
tontones★
tucunas★
uecuaris★
uiritayuris★
unibuepas★
urarines (urarinas, Markham)
urinus (urinas, Markham)
uschpas (uspas, Markham)
yahuas★
yameos
yaobos★
yarasunos★
yetes
yumbos★
yunguinguis★
zungurapas★